editorialSol90

图说人类文明史
古代中国

西班牙 Sol90 出版公司 编著
同文世纪 组译 张钊 译

中国农业出版社
农村读物出版社
北 京

图书在版编目（CIP）数据

图说人类文明史. 古代中国 ／ 西班牙Sol90出版公司
编著；同文世纪组译；张钊译. — 北京：中国农业出
版社，2024.9
　　ISBN 978-7-109-29293-2

　　Ⅰ. ①图… Ⅱ. ①西… ②同… ③张… Ⅲ. ①文化史
－中国－古代　Ⅳ. ①K103-49

中国版本图书馆CIP数据核字(2022)第055846号

GRANDES CIVILIZACIONES DE LA HISTORIA

Antigua China

First edition © 2008, Editorial Sol90, Barcelona
This edition © 2020, Editorial Sol90, Barcelona, granted in exclusively to China Agricultrue Press for its edition in China.
www.sol90.com

Author: Editorial Sol90

Based on an idea of Daniel Gimeno
Editorial Management Daniel Gimeno
Art Direction Fabián Cassán
Editors 2019 Edition Joan Soriano, Alberto Hernández
Writers Juan Contreras, Gabriel Rot
Research and Images Production Virginia Iris Fernández
Proofreading Edgardo D'Elio
Producer Marta Kordon
Layout Luis Allocati, Mario Sapienza
Images Treatment Cósima Aballe
Photography Corbis, Science Photo Library, Getty, Sol90images
Illustrations Dante Ginevra, Trebol Animation, Urbanoica Studio, IMK3D, 3DN, Plasma Studio, all commisioned specially for this work by Editorial Sol90.
www.sol90images.com

图说人类文明史

古代中国

First edition © 2008, Editorial Sol90, Barcelona
This edition © 2020, Editorial Sol90, Barcelona, granted in exclusively to China Agricultrue Press for its edition in China.
All Rights Reserved.
本书简体中文版由西班牙Sol90出版公司授权中国农业出版社有限公司于2023年翻译出版发行。
著作权合同登记号：图字 01-2020-4812 号

中国农业出版社出版
地址：北京市朝阳区麦子店街18号楼
邮编：100125
项目策划：张志　刘彦博　　责任编辑：黎思玮　　责任校对：吴丽婷　　责任印制：王宏
翻译：同文世纪 组译　张钊 译　　审定：商嘉琪　　丛书复审定：刘林海　　封面设计制作：张磊　　内文设计制作：赵永彬
印刷：鸿博昊天科技有限公司
版次：2024年9月第1版
印次：2024年9月北京第1次印刷
发行：新华书店北京发行所
开本：889mm×1194mm　1/16
印张：6
字数：200千字
定价：98.00元

图说人类文明史

古代中国

目 录

前言：伟大的 天朝帝国

下图，制作于 7 世纪的唐代人俑。唐朝的经济和文化发展达到了巅峰。

　　历史上出现的每一个帝国都曾梦想成为世界的中心，中华帝国也不例外，幅员辽阔的疆域似乎也印证了这一雄心。中华帝国概念下的"中国"，拥有最复杂多变的气候、最特征鲜明的文字、最丰富多彩的民族文化，以及最为迥异的宗教信仰。从远古蒙昧时期走到今天，即便有再多的矛盾，中国人的身份认同感也从未磨灭。纵观中华几千年历史，无论是空前的内乱，还是数不胜数的外敌入侵，都不曾让中华文明的火种熄灭。当强大的西方在利益和欲望的驱使下觊觎"神秘的"东方时，他们发现，中国远比他们想象的更加强大。即使是马可·波罗（Marco Polo）这样传奇的欧洲旅行者，也未能写尽在中国目睹的全部奇观。一方面，这些旅行者带回了一系列内容奇妙、几近神话的故事。在西方，"中国故事"至今仍具有神话般不可思议的色彩。另一方面，他们带回的伟大发明彻底改变了西方世界的生活形态：从指南针到火药，从造纸术到瓷器，从雨伞到火柴、独轮车、烟花、风筝，以及数不胜数、貌不惊人却极具实用价值的其他发明。

　　不过，非常可惜的是，无论是对神秘东方日思夜想的普通旅行者，还是大名鼎鼎的马可·波罗，都未能将中国道教的智慧带回西方。道教将哲学和宗教合二为一，它认为，一种事物的发展不应以牺牲另一种事物为前提，两种明显对立的力量可以达到自然而和谐的平衡。

　　前 221 年，秦灭六国，统一中国，秦王自称"始皇帝"。

这个新的帝王被奉为"天子"，意为"上天之子"。天子被认为是神与人的中间人。皇帝施行德政可以为国家和百姓带来繁荣昌盛，皇帝失德，国家和百姓则会受到饥荒和战争的惩罚。换言之，皇帝是一个国家权力的化身，具有独特性，将善与恶、生与死融为一体。

1911 年，中国最后的封建王朝宣告结束。之后，中国虽数度被装备精良的外敌侵略，但最终在不屈不挠的抗争中屹立不倒。如今，整个世界都在呼应中国前进的脚步，尽管这条路还很漫长。中华文明，这一古老文明的发展，早已超越了自己的国门。

7 000 多具兵马俑（右图）作为陪葬品被埋在中国第一位皇帝的陵墓之中。

概述： 中华文明

中华文明在广阔的疆域上发展并占据着主导地位。几千年的中国历史，朝代更迭，冲突不断，局势紧张是常态，各方势力你方唱罢我登场，和平稳定时期屈指可数。虽然只有极少数的君王有能力实现政治、经济、文化的统一，但辉煌灿烂的中华文明却长盛不衰。❖

佛教的出现

踏上佛教之路寻求光明的人被称为菩萨，他们恪守着自己的承诺。其中，最为世人喜爱的是观世音菩萨。（左图，创作于11至12世纪的观音像）

紫禁城

位于北京的紫禁城是皇权的象征，曾是明清两代的皇宫，直到1911年，这里一直是中央政府所在地。它修建于15世纪，明永乐皇帝登基后，下令建城。紫禁城内有800座建筑、9 000余间房屋。1987年，它被联合国教科文组织列为世界文化遗产。

紫禁城

雕像

雕塑是中国艺术最突出的表现形式之一。（左图，明代陵墓中的石像，15世纪，西安）

新疆

● 敦煌

● 兰州

青藏高原

● 云冈

北京 ●　渤海湾

朝鲜

山东半岛

黄海

● 安阳

洛阳 ●　● 开封

长安（西安）● ● 半坡

郑州

南京 ●

● 上海

杭州 ●

● 台北

● 广州

● 香港

澳门

中国南海

一部王朝的历史

　　中国政治发展的特点是：不同民族的
首领均试图在各自区域内推行霸权统治。于是，在数千年
的发展史上，各个王朝为了追求权力最大化形成了盘根错节的关系。
右图，中国历史上最辉煌的朝代——唐代的陪葬人俑。

历史和社会组织

历史和社会组织

一部王朝的历史

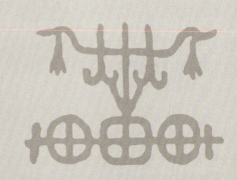

中国历史起源于黄河流域，中国最早的朝代就出现在那里。按照时间顺序，第一个朝代是夏朝，建立于前22世纪末至约前21世纪初，结束于约前17世纪初，其疆域位于黄河中游。夏朝共有17位君王，先后十余次更换都城。之后，商朝灭了夏朝，前11世纪，商朝灭亡，商朝的都城位于今天的河南安阳市附近。实际上，

商朝是由一系列邦国组成的，这些邦国共同隶属于同一个朝廷。其中的周部落起兵反抗并打败了商朝，建立了周朝。政治文化的发展让人们有了大型祭祀器皿的需求。因而在这一时期，青铜冶炼技术得到极大的发展，成为华夏文明最重要的宝贵遗产之一。

从周朝到汉朝

周武王在镐京（今陕西西安）建立国都，前771年镐京陷落，西周灭亡。前770年周平王东迁，定都洛邑（今河南洛阳），史称"东周"（前770－前256）。东周又分为"春秋"时期（前770－前476）和"战国"时期（前475－前221）。一方面，该时期文化空前繁荣，以孔子和庄子为代表的一批伟大思想家层出不穷。另一方面，诸侯之间战事不

❖ **周代的艺术** 周人使用动物造型的青铜雕塑与器皿，并用金银镶嵌作为装饰。

断。直到强秦灭了六国，结束周朝统治建立秦朝，才最终结束了群雄割据的局面。秦朝的第一位皇帝——秦始皇改变了君王的称谓，从那以后，皇帝就成了一国之君的代名词。在秦始皇的统治下，秦首次建立了中央集权国家，统一了度量衡和文字，同时大兴土木。例如，由数千兵马俑守卫的秦始皇陵和绵延5000千米的中国长城。秦始皇（前210年）去世后，统一的中央集权帝国因其暴虐的独裁统治，很快引发了大范围的战乱。其中最重要的一股力量就是刘邦领导的起义军。刘邦于前202年灭秦兴汉。

分裂与统一

汉朝分为两个时期：西汉建都长安，东汉建都洛阳。两汉之间曾短暂存在一个由王莽依据儒家思想建立的新朝。

晋朝重新统一了中国。晋朝分为西晋（265－317）和东晋（317－420），东晋偏安于中国南部。然而，北方游牧民族最终于311年攻陷了洛阳，316年又攻陷了长安。西晋灭亡后，其王室在建康（今南京附近）定都，其统治延续到了420年才告一段落。这一时期在政治和疆域上出现了大分裂，涌现出无数少数民族国家，如匈

❖ 乐山大佛雕刻于山石之上，高 71 米，始建于 713 年，至 803 年方才修建完成，是一处供商队聚会和小憩的场所。

❖ **带纹饰青铜鼎** 用黏土模具制造出来的青铜器，见证了冶金工业的辉煌。青铜器上布满仪式性和装饰性花纹（上图），有的采用真实的动物形象，有的则是像"龙"这样的神话中的动物形象。

奴、鲜卑等，史称"五胡十六国"。其中，拓跋部击败了众多小国，统一了北方，并于386年建立了北魏王朝。此时，由汉代从印度传入的佛教开始在中华大地上广为传播。

这一时期，中国分裂为南北朝。北朝包括北魏、东魏、西魏、北齐、北周；南朝包括宋、齐、梁、陈。

581年，北周的杨坚建立了隋朝，8年后，隋统一全国，并由此开始政体改革，巩固中央政权，大兴土木，推行佛教。但是，隋朝也未能在内乱中幸免。618年，唐朝在军事叛乱中宣告建立。

唐朝

618年，李渊登基，成为唐高祖。不久，他的二儿子李世民杀死了两位兄弟，迫使李渊退位，成为唐朝第二位皇帝：唐太宗。他大力推崇儒学、佛教和道教思想。此外，他还完善了国家行政管理体系，推动贸易发展。唐太宗去世后，他宠

文明之光与
新石器时代

早在数千年前，中国广袤的土地上就已有人类居住。在已发现的人类遗骸中就包含一些远古的祖先，比如河北泥河湾人和安徽人字洞人。考古证据表明，在大约10 000年前，扬子江流域的居民就开始种植水稻。前8 000年，黄河流域就有人类定居。前5 000—前3 000年出现了以仰韶文化为代表的早期新石器文化。围绕中原大地的三支重要史前文化——仰韶文化、大汶口文化和红山文化，它们之间开始不断交流、碰撞。后来的大汶口文化和仰韶文化又催生出中国史前的第一个融合文化——龙山文化。自此，在中国北方平原上拉开了争取领土和政治统一的大幕。

爱过的一个妃子——武才人（后为唐高宗皇后）——武则天成为一代女皇，建立了武周王朝。武则天是历史上统治中国的第一位女性。

705年，武则天政权被推翻，其子唐中宗恢复了唐朝的统治。尽管大唐帝国国内部危机四伏，阻碍了经济发展，但却没有停下文化和领土扩张的脚步。755年，有着中亚血统的节度使安禄山反唐，强大的叛军使唐朝的国力由盛转衰，战争持续到763年。叛军虽被击败，但国家已经元气大伤。10世纪初，长安城再次落入叛军之手。907年，叛军杀害了唐朝最后一任皇帝——唐哀帝，建立了全新的王朝：梁，都城定在开封。

此后，中国再次分裂为几个朝代，这些朝代的共同点是：政局不稳。实际上，中国北方先后形成了5个朝代；而南方则存在着10个独立的政权。

❖ **窦绾**（中山靖王刘胜的妻子）的**金缕玉衣**由青铜、金和玉制成。汉朝时期，人们常在物体表面涂漆防止器物腐朽损坏，所以，棺材表面经常会做涂漆处理（下图）。

960 年，宋朝建立，定都开封，结束了唐灭亡以后的五代十国局面。随着一系列战役的胜利，宋征服了南方诸国，统一了大部分疆土。宋朝时期的贸易货币体系和大型城市有了长足发展。宋代可分为两个部分：北宋（960—1127 年）和南宋（1127—1279 年）。北宋在被北方游牧民族灭亡后，迁都今天的杭州，史称南宋。

元朝的统一

历史总让人啼笑皆非。蒙古人从北方长驱直入，最终反而成就了中国的统一。在成吉思汗的领导下，蒙古铁骑所向披靡，从东欧到伊朗，再到中国，所到之处尽皆对其俯首称臣。实际上，强大的蒙古帝国分为 4 个部分，只有其中的一个汗国包括了如今的中国和蒙古国大部地区。1271 年，受中国传统的影响，忽必烈称帝，建立元朝，都城设在今天的北京。

元朝时期社会动荡不安，自然灾害、饥荒和瘟疫让时局雪上加霜。政治的混乱导致反抗元朝统治的叛乱愈演愈烈。1368 年，起义军首领朱元璋建立明王朝，定都南京。他的儿子永乐皇帝登基后，将都城迁至北京。

永乐年间，中国成为海上强国。有学者认为，中国是当时世界上第一海上强国。但是，由于缺乏持久的经济保障，难以为继，逐渐失去了海上霸主地位，最终放弃了海洋探险活动。

明朝时期经济生活发生了若干变化，例如，用白银代替纸币。白银在

汉朝：
辉煌灿烂与危机四伏

❖ ❖ ❖

西汉时期经济繁荣，丝绸之路的重启就是见证。与此同时，文化也得到了显著发展。

但是，随着东汉政权逐渐式微，反对政府的叛乱四起。其中，规模最大的非"黄巾军起义"莫属，朝廷的孱弱引发了一系列的军事斗争。192 年，曹操试图统一帝国未果。208 年，几个军事集团在赤壁展开决战。孙刘联军胜利后，中国呈现三足鼎立之势。220 年曹操去世，其子曹丕继任丞相、魏王。同年，曹丕迫使汉朝最后一位皇帝让位于他，建立魏国。222 年，曹丕册封孙权为吴王。

❖ **佛教起源于印度** 1 世纪，一位中国君王向印度派遣使者，并将佛教引入中国。佛教在中国的蓬勃发展是在 5 世纪。下图，13 世纪或 14 世纪的一尊佛像。

❖ **建筑**　中国的建筑与众不同，其中，塔就是独具特色的建筑形式之一。它分为多层，大多数的塔位于佛教寺院之内或附近，具有宗教用途。左下图为山西应县佛宫寺塔模型。

中国是一种稀有金属。白银的使用，促进了明朝与其他国家的业务往来。最初是与日本，随后是 16 世纪中叶入据澳门的葡萄牙，最后是与西班牙建立了联系，正是后者将大量白银从美洲运至菲律宾。

1644 年，满族人占领北京，建立了清王朝，同时在全国推行本民族的发型与服饰，将满语作为官方语言。

尽管清初期国力强盛，但不断发生的民间起义削弱了帝国的力量。其中，太平天国起义对它的影响尤其致命，这场发生在 1851—1864 年的动乱，导致了数百万人死亡。

最后的王朝

整个 19 世纪，清王朝与西方大国的商业纠纷持续不断。1840—1842 年爆发了与英国的第一次鸦片战争，1856—1860 年爆发了第二次鸦片战争。其间，英法联军占领了广州。这一系列冲突的结果是清政府被迫签署《南京条约》和《天津条约》。西方列强不仅趁机获得了在华通商及航行特权，英国还将香港大部分地区变成了自己的殖民地。

清王朝的最后几十年，无论是商业纠纷还是边界问题，与外国势力的冲突从未停歇。此外，日本占领朝鲜最终引发了中日甲午战争（1894—1895 年）。中国战败后，被迫签订了《马关条约》。自此，清政府承认朝鲜独立并将台湾割让给了日本。

随着对清政府不满情绪的日益增加，为建立共和国而掀起的革命运动愈加声势浩大。1911 年，由孙中山领导的资产阶级民主革命结束了清王朝的统治，同时也终结长达 2 000 多年的封建帝制。随后建立的中华民国临时政府成为亚洲最大的仅次于菲律宾的最早的共和制政府。

清朝的衰落

清朝是中国最后的一个封建王朝，它曾拥有 1 300 万平方千米的国土。

雍正皇帝（1723—1735 年在位）和他的儿子乾隆皇帝（1736—1795 年在位）在位期间，清朝的统治达到了顶峰。但是，大清帝国的内部和边境地区常年战事不断，其中，最重要的就是西藏问题。

清政府借助达赖喇嘛在藏传佛教中的巨大影响力，强化了中央政府对西藏的管理。1720 年，蒙古准噶尔部军事入侵西藏地区，对此，清政府没有坐视不管，康熙帝派其皇子亲征，指挥了对准噶尔部的军事行动。

乾隆皇帝是中国封建社会一位赫赫有名的皇帝，巩固了由其祖辈、父辈打下的江山，完善了对西藏的统治，再次将新疆纳入中国版图，清朝的版图由此达到最大。他在位 60 年，成为继其祖父之后中国历史上在位时间最长的君王。但是，在其执政后期，官僚和腐败之风日益盛行，执政基础遭到破坏，最终退位。

◆ 清代的**军事战争**从未间断。上图为 1790 年版画"乾隆皇帝取得军事胜利"。

新石器时代的村落

　　半坡遗址位于中国北部，属于仰韶文化的半坡遗址至今保存完好。它是中国大地上新石器时代早期的伟大文明，也是东亚地区农耕定居生活的中心之一。仰韶文化可以追溯到前 5 000 年的黄河中游地区，前后共持续了 2 000 余年，因 1921 年在河南省仰韶村发掘出第一个代表性考古遗址而得名。◆

玉猪龙是新石器时代红山文化（前 3500– 前 2500 年）的代表。

仰韶陶器

　　在仰韶文化中，陶器总是与宗教仪式密不可分，其表面绘有大量的黑色花纹。陶器早期的纹饰以鱼和人面等几何图形为主，后逐渐向更抽象的图案发展。

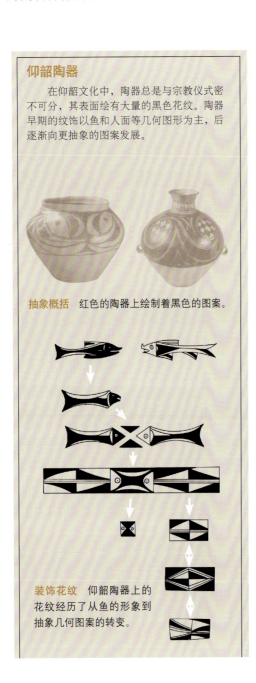

抽象概括　红色的陶器上绘制着黑色的图案。

装饰花纹　仰韶陶器上的花纹经历了从鱼的形象到抽象几何图案的转变。

半坡房屋复原图

半坡的生活

　　仰韶文化兼具高度的功能性和艺术性，其建筑更加引人瞩目。位于西安附近的半坡考古遗址是仰韶文化的杰出代表，其发掘工作始于 1954 年，总面积达 50 000 多平方米。

屋顶　在细木杆上先铺一层小米的叶子，然后铺一层芦苇，最后再铺一层黏土。

地面　房屋的地面用泥土和草混合物细细抹平，可以起到防寒保暖的作用。

半坡的农耕

　　半坡的主要农作物是小米，半坡时期已开始采用农作物轮耕技术，也就是在某些地块耕种时，之前已经耕种的地块暂时休耕，以便耕地重新蓄积肥力。

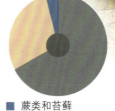

耕种阶段地表植物

- 谷物
- 杂草
- 树

休耕阶段地表植物

- 蕨类和苔藓
- 杂草
- 树

通风口 每间房屋的上部都是开放的，以免室内浓烟聚集、空气变差。

火塘 位于房屋地面中央，略微下沉。热量从这里向室内四面扩散。

房屋的设计

　　新石器时代的房屋多为圆形，但也有方形和多边形的房屋。房屋四壁由带涂层的柱子支撑，可以扩展联通其他房间。例如位于村落中心的公共房屋。

1 **房屋呈四边形** 房屋的一侧建有附属通道作为出口。

2 **带屋顶的房子** 两坡顶的设计符合公共房屋的特点。

木制框架 半坡房屋的框架由细树干搭建而成，它们划分出了房屋的主要区域。

新石器时代的文明

河姆渡文化	大汶口文化	良渚文化	龙山文化
前 5000－前 3300 年	前 4500－前 2500 年	前 3300－前 2300 年	前 2500－前 2000 年
长江下游以南地区	黄河下游一带	钱塘江和太湖流域	黄河中下游地区
彩陶	彩陶	玉制祭祀器	黑陶鬲

早期的王朝

　　新石器时代，黄河两岸农耕的出现萌生了最早的文化之光，也孕育了中华文明。随着农业村落的不断壮大，仰韶文化诞生，这一时期，得益于高效的农耕活动，人口实现了快速增长。随后，它被龙山文化所吸收，演变为中华文明的萌芽。历史上，龙山文化建立的第一个王朝是夏朝，前后存续了600余年，后被周朝所取代。◆

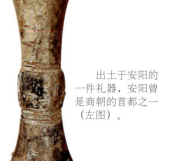

出土于安阳的一件礼器，安阳曾是商朝的首都之一（左图）。

商代虎形青铜礼器

守护神兽

　　在商周时期，祭祀礼器上的装饰图案风格独特，显示出高超的技艺。器皿上巨大而凶猛的动物形象，如守护神般保卫着这些祭祀先人的礼器。

玉器　到了新石器时代末期，玉器在祭祀活动中占据了重要地位。商朝贵族将玉器视为奢侈品，促进了玉器制造技术的提升及商业发展。上图，安阳出土的玉制水牛。

占卜的艺术

　　商朝统治时期（前17-前11世纪），占卜之术极为盛行，它被视为与祖先建立联系的方式之一。占卜时，会在动物的骨头上刻下铭文。商朝的占卜活动不仅促进了汉字的发展，也推动了祭祀仪式的发展。

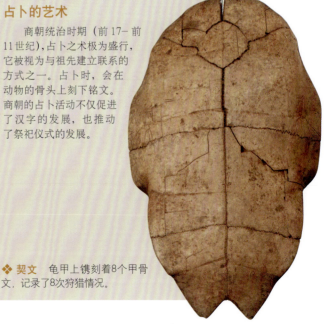

最早的瓷器　商代工匠继承了新石器时代辉煌的制陶传统，创造出了精制的灰色陶瓷，这成为日后瓷器的雏形。

◆ **契文**　龟甲上镌刻着8个甲骨文，记录了8次狩猎情况。

周代墓葬俑

周朝

  周朝最显著的特征之一就是重新规定了祭祀仪式。与商朝在君王的葬礼中使用人牲不同，周朝在君主和贵族的墓葬中用雕像作为替代品。

陶瓷与贸易 东周的奢侈品中出现了色彩艳丽、表面挂釉的瓷器，这大大促进了国家间、城市间的贸易交流。

周代的社会结构

  周代社会等级森严。金字塔的顶端是周天子，随后是为其服务的封建领主，下面是中等贵族和士族阶层，然后是农民阶级，最下面是奴隶阶级。

❖ 上图，周代宫殿一景

皇家青铜器 商朝和周朝冶金技术高超，青铜铸造业尤为突出。这一时期出现了许多兼具艺术性与实用性的青铜佳品，青铜器就是其中的精品。

周朝

  周朝的开国之君是周武王，自称"天子"，在位时间为前 1046—前 1042 年。相传，后稷是他的祖先。后稷去世后，其子继位，从此，"君权神授"成为君主身份合法化的标志。

❖ 周武王在击败商朝的军队以后，启用了"天子"的称号。

皇帝

皇帝是绝对的政治领袖，自秦代起，皇帝作为上天在人间神圣的代表和继承人，皇权涉及老百姓在社会、宗教、经济、文化生活的方方面面。作为上天的代理人，皇帝的命令被认为是神圣的法令。皇帝死后，其子会继承皇位。◆

2

孝庄文皇后画像 她是中国历史上有名的贤后，一生培养、辅佐顺治、康熙两代皇帝，是清初杰出的女政治家。

神权

皇帝是古代中国权力人格化的产物。大多数君主在执政初期都会建立高效的朝廷，汇聚一班重要的文官武将，但有的君主失道寡助，实行专制统治。纵观整个中国历史，只出现过一位女皇。

1 **皇帝** 位于中国封建社会等级的顶点，永远高于他的臣民。通常会出现在高高在上的平台或王座之上。即使是高级官员和神职人员也会对皇帝表现出极大的敬畏与顺从。

2 **皇后** 皇帝的妻子。封建帝王采取一夫一妻多妾制，他的妃子们居住在皇宫之内。有的嫔妃在受到皇帝宠幸以后，可以被册封为正室。

3 **大臣** 由大臣组成的官僚机构，负责司法、税收、审判和人口普查等一系列管理工作。他们只对皇帝负责。

4 **禁卫军** 皇帝身边最高级别的护卫人员。禁卫军通常是从军队中精挑细选出来的精锐部队。

5 **仆人** 无论皇帝出现在哪里，身边总会簇拥着无数奴仆，这使皇帝的地位在人群中更加突出。

3

清《乾隆皇帝大阅图》，郎世宁绘。

皇宫　帝王的居所极尽奢华，充满了中国元素。各种类型的龙的形象点缀其间。

《清王朝的专制统治》
周福先　李福来　2009 年作

从汉朝到隋朝

西汉共有 12 位皇帝。著名的汉武帝在位 54 年，为汉帝国带来了空前的繁荣和辽阔的疆域。短暂的新朝过后，汉室后人重掌政权，建立了东汉。随后的岁月动荡不安，出现了多个王朝并存的局面，随后经过晋朝、南北朝更迭，直到隋朝建立，方才统一了大江南北。◆

汉代住宅模型

汗血宝马

原产于今日中亚地区土库曼斯坦的汗血宝马胸膛宽阔，双腿修长，声名远扬。汉武帝对这种马心仪已久，意图购买但遭到拒绝。恼羞成怒的汉武帝于前104年以武力掳回汗血宝马。自此，汗血宝马开始在中国繁殖饲养。

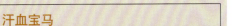

❖ 西汉狩猎图，公元前206年

住宅

这些房屋模型真实再现了建筑的结构与细节以及材料方面的特色：围墙和四壁由木材和砖头砌成。绘画在当时建筑中的地位举足轻重。从模型上可以看到土质拱顶、假圆顶和挑梁。

日常生活场景　汉朝时期的墓葬品通常由黏土和彩绘琉璃制成，与周朝和秦朝相比，质量逊色很多。

官员

为了控制和管理封建贵族阶级，汉朝开国皇帝刘邦建立了一整套重要的官僚机构。左图，官员俑（前140年－前56 年）。

建筑　屋顶通常为红色，皇帝使用的建筑屋顶采用黄色，以示等级。

北魏时期的胡商骆驼俑

丝绸之路

　　丝绸之路曾于汉代末期中断，但中国北方的和平安定使丝绸之路得以重启，国家间的贸易交流得到恢复，唐宋时期维持了这一贸易活动。但是，活跃在这条古道上的不仅有商人，还有土匪和强盗，所以，这条道并不安全。丝绸之路也为佛教在整个亚洲的传播提供了绝佳的通道。

　　商队运输的**商品**种类繁多，常见的商品有皮毛、陶器、瓷器、玉器、铁器、漆器和青铜器，但纺织品和香料才是其中的主角。

商队　在启程之前，需要依靠特殊的社区准备驼队和货物。与商人同行的通常还有大批朝圣者，包括僧侣及其门徒等。

丝绸

　　商代（前17—前11世纪）皇家陵墓中出土的丝绸碎片，证实了丝绸在中国存在的悠久历史。实际上，直到汉代，丝绸才进入寻常百姓家。上图为家庭纺纱图。

宗教　北魏王朝是推动宗教发展的主要支持者之一，促进了宗教的发展。上图，云冈石窟的一尊佛像。

北魏时期的佛教

　　北魏王朝信奉佛教。北魏王朝在云冈周围开凿洞窟，建造雄伟的寺庙弘扬佛法。在保存至今的45个洞窟中藏有50 000余尊佛像，大多数为古印度风格。

❖ 云冈石窟位于今天的大同市，开凿修建于460—494年。

千年王朝

自6世纪至17世纪，封建王朝几度更迭，著名的朝代有唐、宋、明三朝。在这漫长的岁月里，中国时而分裂，时而统一，但始终拥有广袤的国土。尽管社会和政治危机不断，中国的艺术与文化却保持着惊人的发展势头。这一阶段最惊心动魄的事件，莫过于农民起义与游牧民族入侵。◆

隋朝铜镜在加拿大安大略博物馆展出

隋朝

隋朝虽然结束了南北朝的割据局面，但却是一个短命的王朝（581—618）。为了修建大运河和长城，它向人民征收了沉重的赋税。对朝鲜战争的失败，以及一系列农民起义的冲击，使其国力大减，最终，被唐朝所取代。

陶瓷是唐文化最辉煌的代表之一，制瓷业的发展使其产品很快就出口到了西方。随着公元9—10世纪瓷器的发明，出口趋势有增无减。右图为舞伎俑。

唐代墓葬艺术

唐代墓葬俑表现的是一个中亚勇士的形象，手持一支大角。在西方，那是财富的象征。

安禄山叛唐

这场反唐的战乱从755年延续到763年。虽然，在唐玄宗时期，大将郭子仪和李光弼最终成功镇压了叛乱，但唐王朝的国力也被极大削弱，开始屈从于日益增长的藩镇势力。

唐太宗画像，627—649年在位

唐太宗

一些专家认为，唐代开国皇帝唐高祖之子李世民为了登上皇位，不惜谋杀亲兄弟，逼迫父皇退位，手段实在狠毒，但作为一位政治家，他不仅治国有方，开疆拓土，还颁布了用于改革行政管理和司法的法律法规，又是一位有雄才伟略的皇帝。

一代女皇

纵观中国历史，武则天是唯一一位登上皇座的女性。她建立了属于自己的新王朝，命名为"周"。

◆ 唐代女士陶俑

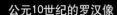

公元10世纪的罗汉像

宋朝

　　唐朝土崩瓦解以后，宋朝（960—1279 年）再次一统华夏。在宋朝繁盛时期，出现了一群被称为"罗汉"的佛教徒。据说，他们拥有永生的神奇力量，可借以传播佛法。

宋代艺术

　　绘画是宋代艺术的高光部分。与唐代绘画不同，宋代绘画的主要特征在于对细节的关注。上图，《村医图》挂轴，李唐（12世纪）。

虎形枕（220—589年）

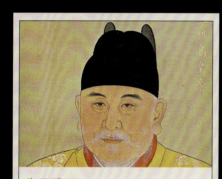

忽必烈

　　成吉思汗的孙子。1271 年，忽必烈击败南宋，成了中华大地新的王者，后迁都北京，成为元朝皇帝，被尊为"薛禅汗"。

晋朝　晋朝分为西晋和东晋，始于公元265 年，亡于 420 年。因游牧民族的入侵和起义，西晋于 316 年灭亡。随后，世家大族支持司马睿（晋元帝）在中国南方建立了东晋。

朱元璋

　　1340 年，元朝爆发饥荒以后，出身农民的朱元璋领导"红巾起义军"反抗元朝。1368 年，他成为明朝开国皇帝，年号"洪武"，在位约 31 年。

明朝陵墓

　　明十三陵建于 1409—1644 年，位于北京的山脚下，占地 40 平方千米。各皇陵有神道相连，神道两侧立有许多石像，作为陵寝的守卫。

❖ 明十三陵是世界上最大的皇家陵墓集群

瓷器　除了青花瓷，明代还制造出了高品质的彩瓷。例如，这个15 世纪的花瓶（右图）。

❖ 尽管皈依佛教，但忽必烈在位期间推行宗教自由政策。

清朝

　　清帝国终结了明朝的统治。清朝充斥着激烈的社会和政治冲突。由于欧洲列强渴望将中国变成自己的原材料生产国，所以与清政府的冲突不断升级。太平天国起义、中英鸦片战争 (1839–1842 年，1856–1860 年)、中日甲午战争 (1894 年) 就是这些矛盾的集中体现。随着 1912 年中华民国的建立，清朝宣告灭亡。◆

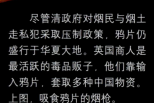

尽管清政府对烟民与烟土走私犯采取压制政策，鸦片仍盛行于华夏大地。英国商人是最活跃的毒品贩子，他们靠输入鸦片，套取多种中国物资。上图，吸食鸦片的烟枪。

绘有戏剧场景的清代瓷盘

制瓷业

　　18 世纪出现的经济繁荣促进了制瓷业的发展。为了满足皇室和富裕阶层对高端瓷器不断增长的需求，无数制陶工人被雇佣。与此同时，随着海外市场对瓷器需求的增长，瓷器出口也随之大幅增加。

太平天国起义

　　大清帝国与太平天国之间的这场内战，爆发于 1851 年至 1864 年，涉及宗教与社会等多个方面。冲突主要集中在中国南方地区，波及 2 000 万至 5 000 万人口。太平天国提出了包括"废除私有制"在内的多项富有争议的社会改革措施，最终使欧洲列强倒向了清政府。战争以清政府的胜利告终。

❖ 19世纪的木版画：清军围攻太平天国都城——天京（南京）。

边界问题

　　17 世纪中叶，俄国人在西伯利亚东部蠢蠢欲动，此举引发了沙皇俄国与清帝国之间的严重冲突。最终，在 1689 年，中俄签订《尼布楚条约》，划定了两国边界。

❖ 17世纪大清帝国使用的龙形印，它见证了中俄签订的第一份条约

鸦片战争

　　英国人以武力维持其在中国的鸦片贸易与走私。他们炮击广州、占领香港，迫使清政府签署协议向英国开放港口。

❖ 1842年签署的《南京条约》，不仅让英国得到了巨额白银赔偿，还让其占领了鼓浪屿和舟山群岛。

18世纪的清朝文官

自封天子

　　清朝几位开国皇帝主要关心的问题是：如何在终结汉人建立的明朝之后同样被尊为天子，让自己的统治地位合法化。为此，满族统治者在进入北京登上皇位前，就启用了极富中国特色的朝代名称：清。

朝廷官员穿着的官服包括珍珠、宝石以及金线刺绣。

瓷器　清朝瓷器兼具装饰性和正式性，但实用性次之，烧制的技术水平极高。上图，狮子造型的清代陶器（18世纪）。

末代皇帝

　　溥仪是清朝的末代皇帝，1906年2月7日出生，1908年登位，年号为"宣统"。由于年幼，其权力由其父亲醇亲王代行。1911年，孙中山发动辛亥革命，年幼的宣统皇帝被逼退位。1917年，军阀张勋复辟，溥仪重登皇位，但仅仅维持了12天。1932年，溥仪被日本侵略者扶植为日本侵占的伪满地区的皇帝，1967年去世。

❖ 上图，清代幼年天子的照片

清代著名的皇帝

康熙皇帝
(1662—1722年在位)
　　一位思想进步的统治者，对科学和艺术抱有浓厚的兴趣。在其统治期间，清朝生产出了优质的彩瓷。

雍正皇帝
(1723—1735年在位)
　　撰写了一部大清官员必读的著作，为满族统治正名。死因蹊跷，传说是遇刺身亡。

乾隆皇帝
(1736—1795年在位)
　　诗人和收藏家。他促进了艺术、哲学和天文学的发展。他下令重编中国古代典籍，是清朝最后一位有作为的皇帝。

社会和日常生活

社会和日常生活

贵族与农民

中国古代社会的阶级差别体现在日常生活的方方面面。因整体属于农耕经济，在社会金字塔中，占主导地位的是地主阶级，居从属地位的是为其劳作的农民阶级。中国辽阔的疆域内存在着多种迥然不同的文化形式，气候和地形差异造就了自然条件的多样性，而这一切又孕育出了丰富多彩的生活方式。

毫无例外，作为社会结构的上层建筑，皇帝、贵族、军人、大商人和其他特权阶层的日常生活被记录了下来。大量的编年史、画像、器物、文学作品等艺术形式无不清晰而准确地再现了他们的生活图景。而另一方面，农民、城市工匠、手工业者、小商人和多数行业成员却没有受到这样的优待，他们的生活印记稀少而模糊。有趣的是，研究下层阶级最好的材料来自墓地和棺椁。

宏伟的城市

身处深宫大院的皇室和贵族的生活受到一系列复杂的封建仪式的制约。上至国家庆典，下至私人礼仪，无不恪守着严格的规定。不仅如此，日常活动、家庭关系、主仆关系乃至人畜关系均被看不见的行为准则管控。豪宅之中堆满奇珍异宝，因此需要武装守卫人员看守，这些人同样由一套独特的规定约束着。

随着帝国的扩张，一些城市在人口和建筑方面飞速发展。为了便于统治，统治者不得不采取更加严苛的手段。例如，唐朝的都城长安面积达到了80平方千米，城内外的人口均超过了100万，他们居住在拥挤不堪的小屋里。长安城四周环绕着巨大的城墙，气势恢宏的高塔平地而起，配备12座城门。这个巨大的城市被分成112个坊，出于对侵略和暴动刻骨铭心的恐惧，每个坊都被高墙所包围。城内的门禁系统可以让人们在坊与坊之间移动，但要想通过它们，必须得到帝国守卫的许可。与现在的城市一样，长安城内的街道成直角交叉，这样可以让贵族及其护从快速移动。一条巨大的主干道将南门与位于城市北端的皇宫连接起来。

出于安全方面的考虑，城内外的大门夜间均要关闭，全部街道均由守卫负责保护。在长安，人们从两大市场采买物资，一个是位于长安东部，由本地商人经营的东市；一个是位于长安西部，由外国商人经营的西市。东西二市均归皇帝所有。据史书记载，西市约有4 000名商人及其家眷居住，他们来自亚洲各个地区。

◆ **墓葬品**　墓穴和棺椁是研究中国古代日常生活丰富的数据来源。左图为汉墓出土的渔夫俑。

❖ **唐代贵妇俑**　中国是一个宗法社会。妇女与社会相脱节，对男性唯命是从。

❖ **小模型** 在随葬品中经常可以见到房屋的复制品。（右图，汉墓中出土的3具小模型）

长安城的墓葬为了解当时的城市生活提供了宝贵的史料。墓碑、明器、绘画和雕塑真实地再现了当时的生活场景：农民、仆人、侍卫、街头杂耍和云游艺人等，无所不包。还有房屋模型：包括用于饲养家禽的小舍、灶、磨房、厨房用具以及衣物和日常用品等。另一方面，长安城中的贵族和高层人物的墓葬还反映了战争、宗教、神灵和仙界的生活。

棋类游戏

❖ ❖ ❖

六博棋在唐代贵族间十分流行。六博棋由一个方形棋盘和12枚方形棋子组成，棋盘上刻有供棋子移动的棋路。棋盘多为石制；棋子则由骨、象牙或玉石制成。时至今日，行棋规则已不得而知，但推测与占卜、生肖、宗教、哲学有关。作为日常训练的一部分，军事长官和军方人员需要玩一种战略游戏——围棋。其规则与现在的围棋相似，最好的棋手将获得特别证书和荣誉头衔。在无数的绘画和雕塑作品中，我们可以看到贵族男女在家庭祥和的气氛中怡然自得的情景。

丝绸

在服饰方面，古代中国人表现出了独特的精神追求。上层社会以丝绸为主，这种面料的使用可以追溯到前27世纪的中国。自此，中国开始了长达几十个世纪对丝绸生产的垄断。这种面料特别适合东亚夏季潮湿的气候，冬季则可以贴身穿着。在发现家蚕可以生产蚕丝之后，养蚕业在中国遍地开花。据说，黄帝的妻子嫘祖就是第一位"养蚕取丝"的人。前2世纪，中国丝绸已蜚声海外，丝绸贸易更是远达地中海沿岸。

孔子在前6世纪的著作中就记录了关于穿衣的规范，包括待客、服丧等多种场合的服饰标准。汉朝（前206—220年）的汉服是中国服装最早期的代表，包括长袍、大袖、收腰，以及男女不同的上装和裤子。贵族的服装多为深色，尤其是礼服。普通人的服装多为浅色，无论外出的常服还是居家服装都是如此。受中华文明的影响，中国宫廷服饰风格很快就风靡朝鲜和日本。

❖ 左图这尊人俑表现的是一位诗人一边吟唱一边演奏的情景（25—220年）。

宗教交流

　　隋唐时期，中国的本土宗教——道教传到了朝鲜、日本等国家。与此同时，源自海外的佛教、摩尼教、祆教、基督教和伊斯兰教也纷纷传入中国。这一时期，宗教大交流源自强烈的贸易冲动，其贸易网络遍及整个亚洲。在中国，佛教是拥有最多信徒的外来宗教。大量印度僧侣前往中国传教。唐朝时期，很多虔诚的佛教徒徒步穿越中亚，从印度带回佛经，之后译为汉语，其中，最著名的有玄奘（602-664）和义净（635-713）。佛教的教义被中国社会广泛吸收，艺术的发展也见证了佛教的繁盛。受佛祖形象的启发，民间普遍保持着雕刻佛像的传统。这一习俗逐渐传到了包括印度在内的多个国家。

❖ **棋类游戏**　古代中国人对棋类游戏有着特殊的偏好，它们是现代棋类游戏的雏形。

◆ **道士**　下图是一尊道士的塑像。

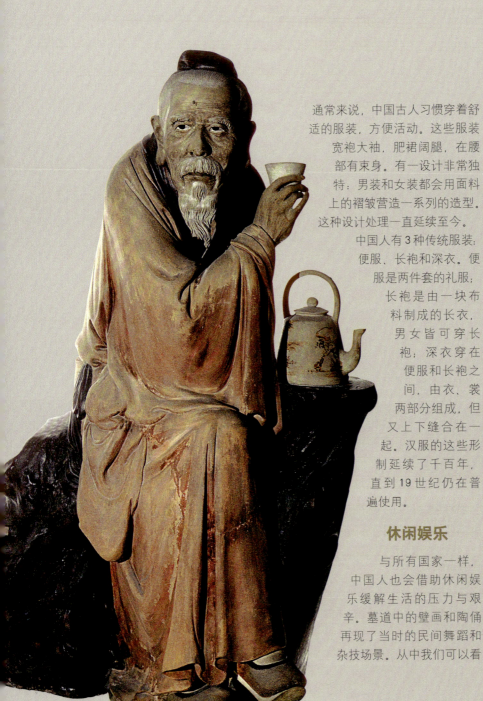

通常来说，中国古人习惯穿着舒适的服装，方便活动。这些服装宽袍大袖，肥裙阔腿，在腰部有束身。有一设计非常独特：男装和女装都会用面料上的褶皱营造一系列的造型。这种设计处理一直延续至今。

中国人有3种传统服装：便服、长袍和深衣。便服是两件套的礼服；长袍是由一块布料制成的长衣，男女皆可穿长袍；深衣穿在便服和长袍之间，由衣、裳两部分组成，但又上下缝合在一起。汉服的这些形制延续了千百年，直到19世纪仍在普遍使用。

休闲娱乐

与所有国家一样，中国人也会借助休闲娱乐缓解生活的压力与艰辛。墓道中的壁画和陶俑再现了当时的民间舞蹈和杂技场景。从中我们可以看到广场上的聚会和庆祝活动，以及游吟诗人和舞者的身影。著名的大众娱乐活动——百戏，包括了舞蹈、杂耍、音乐、杂技、食火者、木偶戏和各种滑稽戏表演。

球类运动是一种广受欢迎的娱乐活动，中国人很早就开始了这项运动。汉代时，它为贵族和皇帝所喜爱。比赛在围墙包围的场地中进行，设裁判一名。同时设球门12座，并由12名守门员把守。由于球为实心且没有弹性，所以这项活动需要耗费很大的体力，于是便成了士兵体能训练的一部分。直到唐代中国才引进了中空的皮球，使这一运动变为一种纯粹的娱乐活动。不仅比赛的规则改变了，球门数量也减少了。

马球起源于波斯，唐代在中国兴起。中国人对马球的热爱，与自古以来对马匹的钟爱紧密相关，但骑马是贵族的特权。皇家庆典的一个主要节目就是马舞，由身披五彩丝线和丝带的马匹做各式表演，取悦在场的一众宾朋。

广场上则会组织训练有素的动物进行斗鸡、斗狗、赛马和赛狗等活动。赌博在当时是合法的。

当西方发现东方

直到 13 世纪中叶，西方世界从未到达过波斯以东的地区。关于东方的信息不仅令人迷惑，而且近乎荒谬。东西方的贸易往来几乎全部被波斯人和阿拉伯人垄断。蒙古帝国的扩张让这些令人闻风丧胆的部落闯到了欧洲的大门口。但是，在围困波兰之后，他们竟然撤退了，这引起了欧洲人对蒙古的兴趣。在西方人眼中，这些蛮族身上有一种神话色彩。政治上，欧洲人渴望将蒙古人变成对抗伊斯兰人的盟友；经济上，与东方进行直接贸易更为有利可图。于是，包括若望·柏郎嘉宾（Giovanni da Pian del Carpine）在内的多位传教士以大使的身份出使东方，可惜没有取得任何实质性成果。由此，了解东方帝国的愿望就变得更加迫切。历史的重任最终落到了威尼斯商人马可·波罗（1254–1324）身上，他成为最早一批沿丝绸之路抵达中国的欧洲人。据说，马可·波罗从中国带回了许多东西：冰激凌、皮纳塔（用纸包裹的种子和小型水果），尤其是意大利面，可是这些说法备受质疑。例如，有证据表明，意大利面在希腊和意大利拥有悠久的历史。12 世纪，在西班牙就有关于"面条"的书面记载。尽管马可·波罗不是首位通过陆路抵达中国的欧洲人，但是他的游记却是第一部关于中国的西方著作。游记不仅得到了广泛传播，而且也是迄今为止最好的记录文本。临终前，他的家人请求他承认这些关于中国的故事是无稽之谈，但马可·波罗拒绝了，他坚持说："我只讲述了我看到的一半！"

❖ **马可·波罗之旅** 虽然他不是第一个到达中国的欧洲人，但是他的著作却是西方人了解东方天朝帝国的钥匙。

热闹的庆典

节日庆典是中国人最丰富的娱乐活动之一，他们喜欢在家里招待亲朋好友和邻居，宴席上备有大量的饭菜和米酒。或是集聚接头欢歌舞蹈、逛庙会，其中杂技和杂耍演员的出现让节日气氛更加活跃。当然，其间也少不了烟花和纸灯笼的点缀。◆

观伎画像砖（东汉）

（上图）此砖的左上方绘一男一女席地而坐，其中男者头上戴冠，身着宽袖长袍，女者头梳双髻，吹奏排箫。右上方有二男伎，一伎右手持剑，剑尖上跳弄一丸，左手正掷弄一瓶；另一伎则上身坦露，双手舞弄七丸。左下方有二乐人席地而坐，正捧着排箫吹奏。右下方为二伎正在表演巾舞，一女伎头梳双髻，双手挥动两条长巾起舞；一乐伎右手执槌为之击鼓伴奏。

奏乐图画像（三国·魏/西晋）

数来宝

摔跤

杂耍表演　这是中国最常见且最有名的娱乐活动之一，他们的表演总能让在场的客人感到惊奇与快乐。

顶碗

顶缸

《老北京民俗》
马海方　绘

饮食

中华文明伊始，烹饪艺术就与一种特殊的生活视角结合在了一起，成为皇帝和哲学家思考的主题之一。哲学家老子就曾将统治的艺术比喻为烹饪美食。中华饮食和大米的种植密不可分，历经千年，大米始终是最重要的粮食作物。丰富的调料与香料不只是可有可无的配料，它们在烹饪的舞台上扮演着重要角色。延续了千年的器皿则承载着中华饮食的仪式感。◆

八角茴香

这种香料在中国的烹饪中被大量使用，也是制作传统"五香粉"的原料之一。事实上，中国的烹饪理念就是建立在对辅料、酱料、香叶和调料的使用基础之上的。

中式餐桌的特色

吃的仪式

中华传统文化对食物有着严格的规定。米饭，作为主食用碗独立盛好，用筷子食用固体食物。汤的量虽然不大，但却是菜单中的关键，用特殊的瓷制平底勺食用。

食物的基础——大米

早在 6 500 年前，东方大地上，就有多个地区开始种植大米了。在中国的河姆渡，大米种植的历史比西方早了 5 000 余年。传统上，大米的种植与对土地和生殖的崇拜紧密相连。前 800 年，大米种植传到了近东和南欧地区。700 年，摩尔人将其引入西班牙。15 世纪中叶，大米传入意大利和法国。18 世纪，大米种植已遍布世界五大洲。

气候的**多样性**孕育了农业的多样性，蜿蜒曲折的江河和大片的沼泽湿地遍布世界各地，为大米成为种植最广泛的农作物奠定了基础。

米酒

传统的中国酒是用谷物酿造的，南方用糯米，北方用小麦、大麦、粟、高粱等，有时还会将大米和其他谷物混合酿造。步骤包括：去除谷壳；用乳酸浸泡，防止谷物中的微生物生长破坏酒的酿制；经过蒸馏，将谷物变为适于发酵的凝胶状淀粉。

❖ **酿酒** 1799年由戴德利 (Dadley) 绘制，详细描绘了酿酒的过程。

大豆（菽）

豆科植物，因含有丰富的蛋白质，自古以来就是非常重要的粮食作物。前 3 000 年发源于中国的中部和北部，与稻、黍、稷、麦合称五谷。大豆在 18 世纪中叶才传到欧洲和美洲。

❖ **豆腐**是一种传统食物，由豆浆制作而成，其加工方法和形状与用奶制作奶酪颇为相似。

具有东方特色的无柄茶杯

茶

中国人最早发现了茶。在 5 000 年的历史中，品类繁多的茶，特别是绿茶长时间被作为药物使用。对其最早的记载可以追溯到前 2737 年，那时，只有贵族才有权享用茶叶。魏晋时，茶开始流行于南方百姓的日常生活中，到唐中期风靡全国。

中国的女性

　　和其他许多文化一样，与占社会主导地位的男性相比，中国古代女性的地位更低。因此，无论是在宫廷还是在乡村，普通妇女均被剥夺了最基本的权利，社会存在感极低。她们对男性唯命是从，不得不承担繁重的家务，以及繁衍后代的责任。有时，她们只能借助宗教活动慰藉单调的生活。只有一位女性成功打破了这一传统，那就是，女皇武则天。◆

宫廷中的女性 　与村妇一样，宫廷中的女性对男性也是唯命是从。她们的工作还包括制丝，进而为统治阶层制作服装。上图，《捣练图》反映了宫廷侍女捣丝的情景，是12世纪的宋徽宗临摹唐代张萱（713—755年供职于内廷）的作品。

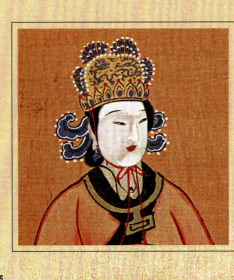

唯一的女皇

　　拥有高等世族血统的武则天，14岁就进入了唐太宗的后宫，之后又嫁给了唐高宗。从此，她的影响力与日俱增。高宗死后，她的两个儿子中宗和睿宗相继即位，但武则天始终隐藏在背后，代行管理国家的权力。最后，武则天宣布加冕为女皇。她削减军队，用技术人员取代贵族，减少赋税，发展农业，大力兴建基础工程。

◆ 发生在705年的一场政变结束了武则天的统治，退位时她已80多岁高龄。

西汉彩绘长袖女舞俑

女性的角色

　　远离政治与公共事务，中国古代女性唯一的职责就是操持家务和生儿育女。古代中国实行一夫一妻多妾制，妻与妾同在一个屋檐下，但是妾的地位比较低。女性要严守自己的贞洁，即使是守寡也要对亡夫忠贞不贰。

顺从的女性

　　古代中国是一个男权至上的国家。女性要对男性绝对服从：在家从父、出嫁从夫，还要听命于自己的公公。尽管尽心尽职、谨小慎微，换来的依然是苟延残喘。没有继承权，没有财产权，也没有婚姻自由，女性地位之低，令人悲哀。

❖ 阎立本画作里的场景

生儿育女　尤其是生男婴在中国传统社会意义重大。

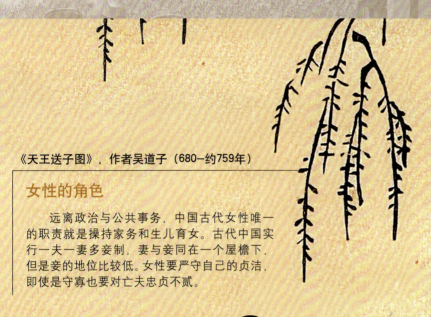

娱乐文化

　　中国文明中的娱乐游戏带有强烈的精神根源，其宗教和哲学意味根深蒂固。毫无疑问，最具代表性的非桌上游戏莫属。前进、迂回、歼灭等战术始终贯穿其中。最有代表性的节日包括：春节、中秋节和元宵节。古老的崇拜仪式以及后世纪念佛祖的宗教活动，是这些节日的灵感和智慧来源。◆

有趣的宫廷生活 棋类游戏在宫廷中尤为盛行。上图，前3世纪的漆棋盘。

元宵节

　　元宵节是中国一个重要的传统节日，它的起源可以追溯到宋朝（960—1279 年）。僧侣们会在农历正月十五日这一天点亮灯笼礼佛，这一传统从宫廷传到民间。节日期间，灯笼上会写一些谜语，猜对谜底的人将得到一份礼物。（这幅绘于 18 世纪的画，描绘的是灯笼制作和销售的场景）

❖ **灯谜** 准确猜出灯笼上谜语的答案，是智慧的象征。

六博棋

　　六博棋是一种拥有 2 000—3 000 年历史的棋类游戏，可能是国际象棋的始祖。它被称为"不朽的游戏"，在汉代达到了鼎盛，其确切规则目前已不得而知，但应与占卜活动相关。

❖ **对弈** 汉代两名六博棋手的雕像。

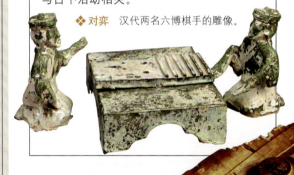

棋盘上画有10条横线和9条竖线。棋盘两侧中央的底部是一个四格正方形，画有交叉线，被称为"九宫"，那是"将帅"所在之处。

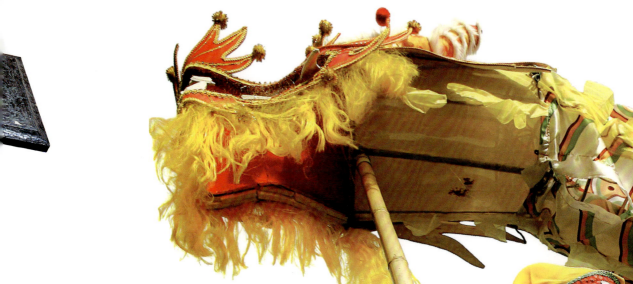

春节

　　春节或农历新年是中国最重要的传统节日。它从农历一月的第一天开始，持续 15 天。春节通常位于公历的一月末或二月初。它的起源可以追溯到商朝（前 1600– 前 1046 年）。那时的人们会在一年之初向上天、大地以及祖先献祭，以求新的一年五谷丰登、吉祥如意。

中国新年时悬挂在大门处的"福"字，象征着好运，右上图。

　　人们不仅会在家里庆祝**节日**，还会走街串巷，跳起各种舞蹈。其中，最著名的就是舞龙灯了。龙灯由机关相连，活动自如。节日期间燃放的爆竹，被认为可以驱赶恶鬼。

中国象棋

　　又称象棋，是一种策略性棋类游戏，与国际象棋和日本将棋同源。当一方把对手"将死"，游戏即告结束。棋子类别不同，行棋规则也各不相同。棋子包括：将（帅）、相（象）、士（仕）、马（馬）、车（車）、炮（砲）、兵（卒）。

❖　横亘在棋盘中间的是"楚河汉界"，它将棋盘分成了完全相同的两部分。

舞龙表演，右图

音乐

　　中国古代典籍往往将音乐诠释为愉悦及一些高兴和快乐。前3世纪的思想家荀子将音乐定义为"心的活动"，道家将其理解为一个借助自然之声使生命更为和谐的存在，儒家则讲究"灵魂的音乐"。肩负着如此强烈的象征意义，中国的音乐家用弦乐器、管乐器和打击乐器演绎出了丰富多彩的旋律，既为庆典仪式所用，也给世俗节日添彩。◆

贵族墓葬中出土的大量歌舞俑反映出在古代中国，音乐和舞蹈具有举足轻重的作用。

弹拨乐器

　　最具代表性的有4根弦的琵琶和柳琴，21根弦的筝。柳琴属于高音弹拨乐器，因具备杨柳叶般特殊的身形而得名，与琵琶类似，但个头稍大。根据琴弦的形式和数量，弹拨乐器家族成员繁多且队伍庞大。

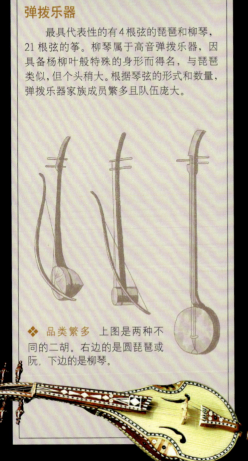

❖ **品类繁多** 上图是两种不同的二胡。右边的是圆琵琶或阮，下边的是柳琴。

吹管乐器

　　吹管乐器历史悠久且分布广泛，最具代表性的有笛子。由笛子又演化出笙、芦笙、排笙、葫芦丝、巴乌和箫等乐器。此外，还有类似小号的唢呐。

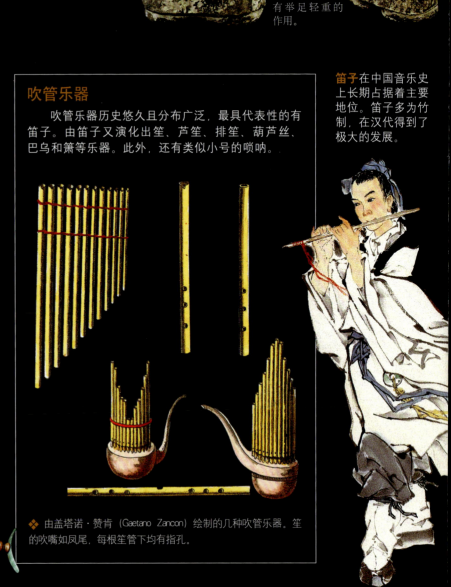

❖ 由盖塔诺·赞肯（Gaetano Zancon）绘制的几种吹管乐器。笙的吹嘴如凤尾，每根笙管下均有指孔。

笛子在中国音乐史上长期占据着主要地位。笛子多为竹制，在汉代得到了极大的发展。

打击乐器

打击乐器中最具代表性的有鼓（如左图）、大鼓、铜鼓和锣。传统打击乐器还包括青铜和玉制的编钟（如下图所示）和磬。组成磬的玉石或大理石往往悬挂在一根横梁上。

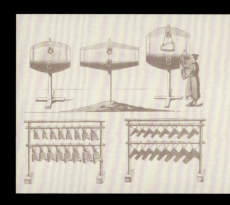

❖ 1815年，盖塔诺·赞肯在书中绘制的中国乐器图片

钟根据大小排列成行。钟身上的装饰纹路丰富并带有显示音调的铭文，通常被悬挂在一根木制或金属横梁上。

湖北省博物馆收藏的青铜编钟

青铜编钟

到目前为止，出土的青铜编钟最早可以追溯到商代，仅被用于宗教祭祀仪式。编钟由铜和锡的合金制成，个头越小的编钟音调越高。

园林

　　园林艺术具有重要的象征意义。它被认为是天堂的缩影，有助于维系人与自然之间的和谐。园林是宗教世界重要的组成部分，无论在道观，还是佛教寺院，园林都随处可见。在皇宫高墙之内，园林更是不可或缺。它是财富和权力的象征，那里总是装点着假山、河流、池塘和茂盛的植被。◆

图中复原了古人在园林中的生活场景

对和谐的追寻

　　园林的发展始于汉代，那时仅作为人们日常的休闲之所。到了唐宋时期，园林被注入了美学元素。明清时期，园林的发展达到了顶峰。中国的园林艺术是建立在风水基础之上的，其目的在于让人与其居住的环境达到绝对的和谐。

园林的日常作用　　园林在人们的生活中起着至关重要的作用，因为它是对理想世界的寄托，在那里，人们可以开展多种多样的活动。右图，14世纪的漆器圆盘，上面刻有花鸟图案。

荷花

圆明园

　　1684年，康熙皇帝下令重建一座前朝的花园，取名"畅春园"。这里气候宜人，建成后成为皇帝的居所。后来，他的继任者修建了一座类似的园林——圆明园。这座人工雕琢的杰作位于北京西北，占地350公顷，园内用山和水划分出不同区域。圆明园借鉴了全国各地最美丽的园林景致，在园内营建出无数风格迥异的美景。

植物的象征性

　　装点中国园林的植物都具有很深的象征意义。例如，莲花代表纯洁，因其出淤泥而不染；柳树象征温顺与女性气质，传说它有驱魔辟邪的作用。竹子则象征正直、谦逊和永葆青春。

❖ **设计**　　圆明园中的山水布局颇有讲究，将帝国版图中的"九州四海"浓缩于园中。

园林从前3世纪开始由帝王之家扩散到了其他阶层，高级官吏和富商巨贾是兴建园林的**新主力**。

功能性　对某些人来说，花园是其家中最大的私人空间，在这里可以享有绝对的隐私。对于另外一些人，他们乐于将花园向公众开放，以彰显自己的财富和权力。

神话与信仰

神话与信仰

神话、哲学与宗教

在佛教以制度形式确立其深厚的根基之前，神话信仰主导着中国人广泛的精神生活。几乎与所有上古文化一样，中国的早期文化也存在着这样的神话传说：世界在一片混沌中诞生，有神仙与造物主的存在。

关于创世和生育的神话

关于盘古的神话最早可以追溯到三国时期。据传说，盘古在一枚巨大的黑蛋里沉睡了 18 000 年。醒后，他发觉胸

闷异常，便使用一把巨斧砸碎了蛋壳。于是，明亮的部分变成了天空，深色的部分变为了大地。盘古则屹立在天地之间，防止二者合而为一。又过了18 000 年，天空和大地都变得更为巨大。盘古死后，他身躯的各个部分融入天地之间：他的呼吸化成风和云；他的声音化为雷声；他的眼睛化为太阳与月亮；他的身体和四肢化为高山；他的血化为水；他的血管化为道路；他的肌肉化为山谷；他的皮肤化为花朵；他的头发和胡须化为星辰；随后流传的其他版本又对原始版本做了些改动。例如，盘古的眼泪化为河流；他眼中的光亮化为闪电等。

在中国神话传统中，女娲的地位举足轻重。她是一切生物及人类的创造者。据传说，女娲独自一人觉得孤单，于是便参照自己的模样做了一个人偶，随后，这个人偶突然有了生命。这激发女娲创造了更多人类，从此，她不再孤独。

❖ **凤**　女性的象征，与龙相对应。凤的形象只会出现在尊贵的器物上，例如这个产于 618—907 年的瓶子（左图）。

那时的大地并非风平浪静，邪恶的力量困扰着这个星球，因此非常有必要恢复世界的秩序。传说大禹承担起了这份重任。当时，大地正经历着沧海桑田，大禹把地心的洪水引向了大海，他的工作富有创造性和组织性。大禹驱走了大蛇与巨龙，并将它们深深地封锁了起来。

类似的神话传说还有"羿"的故事。据传说，那时的天空出现了 10 个太阳，一时间四野焦土，大量庄稼和动物被炙烤而死。箭法高超的羿为拯救苍生射落了 9 个太阳。随后，他又面对大群怪兽，并一一将其击败。据一些后来的版本记载：天上原本有许多太阳，它们轮流出现在天空中。但是多年后，它们同时出现在了天上，造成了严重的干旱。于是，它们的父亲——帝俊派羿用弓箭教训了这些不肖子孙，让一切恢复正常。但是羿却最终杀死了它们，作为惩罚，帝俊将羿逐出天庭，让他生活在人间。

❖ **龙**　中国文化传说中的生物。龙的形象经常出现在皇家艺术作品中。上图，北京九龙壁上的一条龙。

❖ 中国传说中的神话人物非常丰富。右图，唐代陶瓷镇墓兽。

❖ **释迦牟尼**是中国最重要的宗教——佛教的创始人。佛教自印度传入中国，随后遍地开花。下图，唐代佛造像。

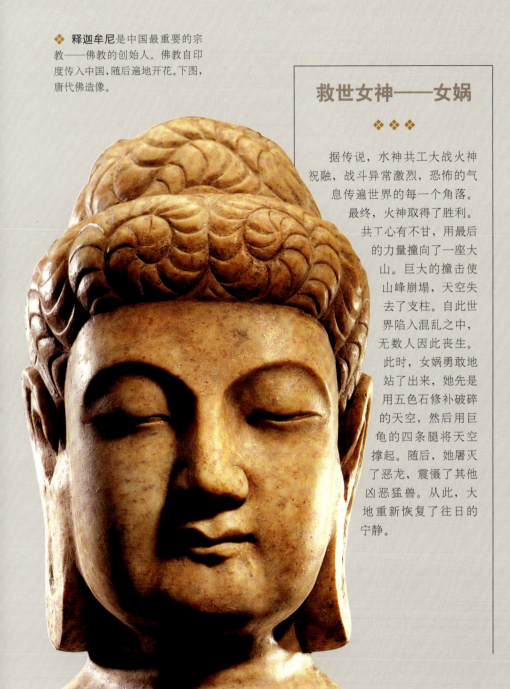

救世女神——女娲

❖❖❖

据传说，水神共工大战火神祝融，战斗异常激烈，恐怖的气息传遍世界的每一个角落。最终，火神取得了胜利。

共工心有不甘，用最后的力量撞向了一座大山。巨大的撞击使山峰崩塌，天空失去了支柱。自此世界陷入混乱之中，无数人因此丧生。

此时，女娲勇敢地站了出来，她先是用五色石修补破碎的天空，然后用巨龟的四条腿将天空撑起。随后，她屠灭了恶龙，震慑了其他凶恶猛兽。从此，大地重新恢复了往日的宁静。

佛教

佛教是中国最重要的宗教，但它的发源地却是遥远的印度。佛陀乔达摩·悉达多（Siddhartha Gautama）出生于今尼泊尔境内的迦毗罗卫王国（Kapilavatthu）的蓝毗尼。据说，他的父亲是释迦族（Sakia）的一位首领。父亲为儿子取名"悉达多"，意为"一切义成之人"。有预言称，这个男孩将成为伟大的统治者或成佛。从此，父亲对他关怀备至，极尽奢华，试图让儿子对外面世界的困苦一无所知。16岁时，他与表妹耶输陀罗（Yasodhara）成婚并育有一子：罗睺罗（Rahula）。

据说，悉达多为了外出寻师访友设法躲过了父亲的阻拦。出宫后，他先后遇到了老人、病人、死人和出家沙门。这虽然是悉达多第一次接触真实的社会，但他的一生却永久地改变了。尽管因为这次出行令悉达多经历了一场严重的个人危机，但他毅然决定寻找解除世间苦难的方法。29岁那年，他出家遁入古印度沙门非吠陀教派。从此，他告别了养尊处优的生活，投身于苦行修炼。悉达多卒于前410—前400年，享年80余岁。

佛陀没有指派他的继任者，他的教义掌握在五百阿罗汉僧团手中。僧团首领——摩诃迦叶（MahaKassapa）

召集第一次经典结集。在这次大会中，佛教教义被归纳为三个部分：律（僧侣的规范）、经（佛陀的言论）、论（名为阿毗达摩的哲学教义）。

此后，佛教思想及活动传入中国。

实际上，佛教的传入离不开一位汉朝皇帝的推动。68 年，汉明帝派使者赴天竺，收集有关佛陀的信息。使者归国后，汉朝随即刻印并翻译出重要的经文，为佛教在国内的流传创造了条件。同时，汉明帝还下令在都城洛阳附近建造了白马寺，使之成为研究和传播佛教经典的中心。

在随后的 4 个世纪中，佛教持续不断地在中国大地传播。5 世纪，佛教得到了一次巨大的发展，这使它传遍了整个帝国。大雁塔于 652 年建成，专用于保存佛经。从此，中华大地上掀起了一场系统地针对佛教经文进行翻译与思考的运动。唐朝，佛教成为人们生活和文化的核心。同时，中国也成为佛教圣地，吸引了无数来自亚洲各国、尤其是来自日本和朝鲜的信众。随后，他们将自己对佛教教义的理解带回了各自的国家。在若干位皇帝的许可下，佛陀的这些教义逐渐演变成了宗教。但同时也招来很多的猜忌，因为皇权在普通人面前总要保持神性。所以，当佛教在广大民众中的影响力和特殊性与日俱增的时候，就有统治者要限制传教了。

道教

道教被认为是唯一起源于中国本土

法律与兼爱

❖ ❖ ❖

在古代中国诸多哲学流派中，法家和墨家十分突出。法家由韩非子创立，主张"世异则事异"，这也是秦朝立法遵循的基本原理。其理论由法、术、势三部分构成。墨家由哲学家墨子创立，他被认为是中国历史上一位重要的思想家。墨活在大约前 476 年至前 390 年之间的春秋战国时期，其理论是建立在"兼爱"基础上的。对他人无差别的爱反映出的是一种利他的、集体性的功利主义思想。

的宗教，但兴起之初并非作为一种宗教，而是由老子及其弟子建立起来的一个复杂的哲学体系。道家最初是一门关于自然崇拜的探索式哲学，主张人与自然和谐共处。经过几个世纪的发展，哲学已不能满足人们信仰神的需求，于是逐渐演变成了一种宗教。一些人恰好利用了

道教，将老子和其他传奇人物——诸如八仙等神化以后，开始兴建道观，为人们提供宗教服务。

道观并不承载道家从哲学到宗教这一转变，事实上，真正的修道之人并不居住在道观之中，而是在其心中的仙山中过着隐居的生活，这似乎唤醒了道家对自然崇拜的初心。

❖ **孔子**被认为是东方最有智慧的思想家之一，他的思想传遍整个亚洲大陆。

◆ **老子** 亚洲最伟大的一个哲学流派的创始人，其著作《道德经》至今仍是中国人的思想基础之一。下图，位于广州的老子雕像。

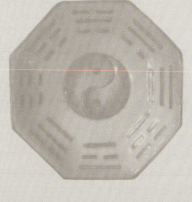

孔子

孔子是中国最伟大的思想家，出生于前551年，被尊奉为"孔夫子"或"至圣先师"，其弟子将其言论汇编成《论语》，使其思想得到了广泛传播。孔子主张在日常生活和国家治理过程中践行良好的操守，实现"仁、义、礼、智、信"。在《论语》中，孔子表达了对等级制度的尊重，而统治阶级正好利用这一点维护自身在广大民众中的合法地位。孔子强调宽容、仁慈、仁爱、尊重老人与先人等美德。从社会和政治角度讲，孔子的哲学思想意味着对帝王的服从，而帝王也有责任保持社会各阶层的和谐。

孔子本人也将自己的思想付诸实践。他不仅召集了一大批在政府中供职、训练有素的学生，而且相信一众国君也会尊崇自己的思想。由于《论语》这部经典，孔子的学说得以广泛传播，并最终成为全社会的精神与思想指南，其弟子遍布天下。

寻道之路

《道德经》的作者——老子到底真实存在，还是一个传说，这个问题饱受争议。因为关于老子最早的描述出现在历史学家司马迁（前145年—不可考）的《史记》中。此时距这位哲学先贤的生存年代已经过去了300多年。司马迁本人也承认，他获得的信息并不可靠，对于老子是否真实存在有矛盾之处。

据说，老子于春秋末年出生在苦县（今河南省境内）的一株梅树下。传说他的母亲怀胎81年方才分娩，他出生时貌若老人。

老子与孔子生活在同一时期。当他在周朝位于洛阳的图书馆供职的时候，曾与孔子展开了一场关于礼仪的讨论。

后来，老子辞去了职务选择离开。传说他骑着青牛一路西行，当他抵达函谷关的时候，一位守将认出了他，并恳求他留在家中著书以便让其思想流传后世。老子接受了这一建议，用了整整一年的时间写出了《道德经》。全书共分81章，暗合怀胎81年分娩。

相传全书完成后，他再次出关，从此再无音信。

最终，《道德经》成为中国思想史上极为重要的精神指南。

❖ **老君山**　传说道家创始人就隐居在这座临近洛阳的山峰之上修炼。

占卜的艺术

中国文化拥有悠久的占卜传统。在道德和哲学著作中，抑或在自然和宇宙秩序的解读中均可见一斑，在《易经》、天文历法、十二生肖中体现得尤其明显。《易经》大约创作于西周时期，后经道家和儒家补充完善。它有助于人们了解人性，为达到和谐存在的状态做出相应的改变。同时，它还是一部关于占卜的工具书。◆

用某些动物代表特定的人群深深植根于中国文化之中。上图是一枚带有各种动物图案的古代钱币。

图解易经中的八卦

关于变化的书

《易经》的解释是通过读卦（在纸上画三行线）进行的，每个卦由阳爻（奇数）和阴爻（偶数）组成。掷出三枚硬币，根据求和的结果得出对应的卦象。八种基本卦形又可以互相组合演化出六十四卦。每一卦形都代表不同的含义。

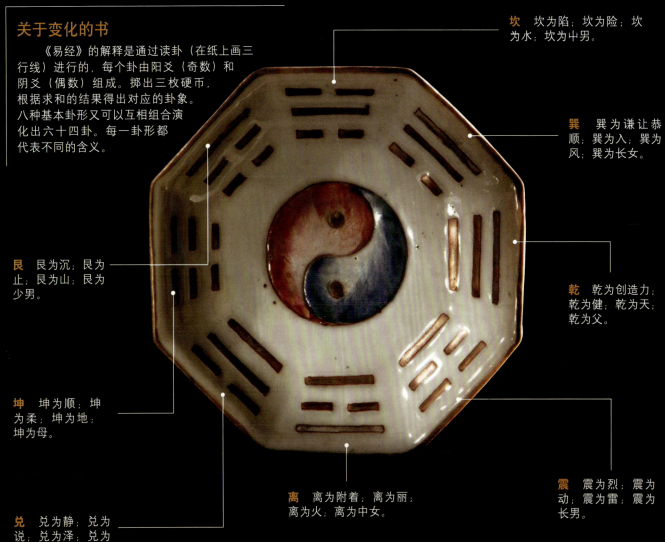

坎 坎为陷；坎为险；坎为水；坎为中男。

巽 巽为谦让恭顺；巽为入；巽为风；巽为长女。

乾 乾为创造力；乾为健；乾为天；乾为父。

震 震为烈；震为动；震为雷；震为长男。

艮 艮为沉；艮为止；艮为山；艮为少男。

坤 坤为顺；坤为柔；坤为地；坤为母。

兑 兑为静；兑为说；兑为泽；兑为少女。

离 离为附着；离为丽；离为火；离为中女。

中国天文图

中国天文图

中国的占星术是一门借助复杂知识体系预测未来的艺术。这套体系融合了十二生肖、五行学说、天文历法以及古代中国宗教学说。祭祀时借助这些工具，预测个人的命运。

古时的天文学家将五大行星与**五行**相结合。金星对应金，木星对应木，水星对应水，火星对应火，土星对应土。

风水

"风水"是一门精妙的学问，其目的在于让人与其居住的环境达到绝对的和谐，而最终目标是通过研究自然、气候和星象的变化，达到人与自然的和谐共存。风水是建立在"生气"的基础之上的。"生气"随空间的形状和布置的变化而改变，而方位则根据基点和时间的变化而确定。

中国历法

相传，中国历法中的这些动物是由佛陀亲选的。据说在佛陀圆寂前，他邀请所有动物来看望自己，但是只来了十二种动物。为了表示感谢，他决定用这十二种动物的形象作为十二生肖。

❖ 上图是中国历法中的十二种代表性动物的形象：鼠、牛、虎、兔、龙、蛇、马、羊、猴、鸡、狗、猪

❖ **测量** 16世纪的罗盘，用于测定风水。

孔子及其思想

　　孔子是东方哲学的主要代表人物之一，他的哲学思想与道德观至今仍影响着后世，他的学说受到社会各阶层的推崇。人们遵循孔子提出的一系列行为准则，希望达到完美的德行。孔子希望通过尊重传统、学习和思考，最终实现良好的言行，安邦定国，以及人与人之间相互和谐这三大目标。◆

对孔子的崇敬遍布整个中国，到处都建有像曲阜这样的石碑。

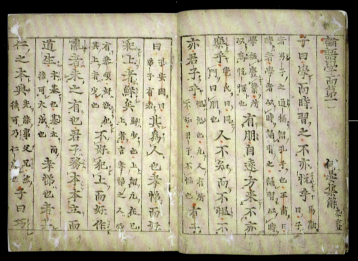

孔子的学生将老师的言语汇编成册

《论语》

　　孔子去世后，其弟子将老师的言论汇编成册。这本著作既没有遵循一定的顺序，章与章之间也没有固定的关联，但它囊括了孔子思想中的基本原则：尊礼正直、忠诚和孝顺。孔子思想中的基本原则：尊礼、正直、忠诚和孝顺。

曲阜孔庙中屹立的武士石像

曲阜孔庙

　　随着儒学的蓬勃发展以及历代朝廷对儒家思想的采纳，各地孔庙林立。其中，最著名的非曲阜孔庙莫属，它修建于孔子逝世后的第2年。整个建筑群包含9进院落、466个房间、3座大殿、1座宝塔、1座坛阁（两侧设有厢房）、2间书房、2间会客厅、54座门坊和廊道。孔庙占地218 000平方米，四周红墙环绕，四角设有角楼。

　　❖ **宝藏** 孔庙中珍藏了无数关于孔子格言的雕塑、石碑与石刻。

佛教

佛教是建立在悉达多或释迦牟尼 (Gautama Buda) 教义上的一种实用哲学和宗教，释迦牟尼生活在大约前 565—前 486 年。他经过多年的精神修炼，研究多种宗教和冥想，发现了现实的真实本质，实现了生活和心灵的净化。佛教典籍的中文译本离不开印度僧侣的翻译。佛教于 1 世纪传入中国，公元 8 世纪开始广泛传播。◆

明代铜质佛造像

巨大的坐佛

天坛大佛是世界上最大的青铜坐佛。它位于香港大屿山昂坪一座海拔 482 米的山顶之上，毗邻香港重要的佛教圣地宝莲寺。它象征性地代表了人与自然的和谐关系。每年都有成千上万的香客和游人到此参观。

白马寺

中国最古老的佛寺，建于东汉。根据《魏书》记载，汉明帝笃信佛教，他派遣使团远赴印度，返程的时候白马驮经带回了很多佛教经典，随后修建了这座庙宇。

❖ **白马寺山门** 该寺始建于68年，位于洛阳城郊。

转经筒

转经筒

它是一种佛教仪式工具，呈圆柱状。里面写有无数的咒语，按顺时针方向在转轴上环绕着经文。它们的大小不一，有的像耳环那么小，有的却似房间那么大。小的，可以用手转动；大的，就只能依靠水力或风力了。

观音

观音是佛教众神中最受尊敬的菩萨（追求悟道的最高境界之士），他最突出的特点就是慈悲为怀。据说，观音立誓普度众生，在众生悟道、摆脱生死轮回的苦恼前誓不成佛。上图，元代的观音木雕。

手印 佛陀左手掌心向上放于膝盖之上，右手掌心向上放于右腿之上。 这代表佛陀让大地见证自己已经修行得道。

象征 佛陀在莲花宝座上冥想，这是佛教哲学的象征。

大雁塔

佛寺

大雁塔位于长安（今西安）大慈恩寺，652 年，唐高宗下令建造，用于保存玄奘法师从印度带回的 657 卷佛经。此后，它成为佛教最重要的翻译和研究中心。707 年，长安的荐福寺内修建了小雁塔。据说，这两座佛塔对应的是佛教的两个教派：大乘佛教和小乘佛教。

道教

道教是中国哲学的重要组成部分，由老子的思想发展而来。老子著有《道德经》。后来，道教还吸收了一部分儒教和佛教的元素，传播广泛。道教建立在三种力量基础之上：正、反、调和。前两种对应的是阴和阳，象征宇宙万物都有其互补的对立面；第三种就是道，一切真理的至高集合。道教宣扬不杀生，不饮酒，不说谎，不偷盗，不奸淫，以达到精神上的和谐。◆

道教的**目标**是要实现个体的和谐或长生不老。上图是古代道士的传统道袍。

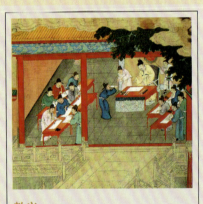

老子撰写《道德经》

教义

老子主张无为而治，即尊重万物自身成长、发展和衰落的规律，避免外界的干预。过多的法律和规范只能适得其反，使社会管理变得更加困难。

❖ 在这幅17世纪的绘画中，再现了人们抄写《道德经》的场景，上图。

老子

老子是中国乃至全世界思想界最重要的代表人物之一。他生活在前6世纪至前4世纪之间，是《道德经》的作者。这部著作是道教的开山之作。这部神秘的哲学经典，既包含了精神生活，也涉及了统治艺术的问题。

阴阳的传统标志

阴与阳

　　阴与阳反映了宇宙万物二重性的哲学概念。道教认为，万事万物和思想都存在着正反两面，既对立又互补。因此，没有任何事物可以保持绝对的纯粹和静止。相反，万物无时无刻都在运动和变化。这一概念用太极图阴阳鱼来表示，其形状如阴阳两鱼纠缠在一起，中间由一条曲线分开，这表示阴阳之间的动态平衡和相互转换。

阴阳鱼眼 寓意万物负阴而抱阳。

阳 明属阳；南方和东方属阳。精神与肉体，男人与女人，好与坏，任何具备二重性的事物都可以用阴阳来表示。

阴 暗色、黑色属阴；在方位上，北方和西方属阴。

对立是并存的，不能脱离对方而单独存在。比如，如果没有黑夜，白天也就不复存在了。

八仙

　　八位道教仙人，对他们最早的描述出现于 13 世纪。传说，他们生活于唐宋时期，分别代表了 8 类人：军人、官员、病人、智者、贵族、老人、穷人和女子。

1 汉钟离
2 吕洞宾
3 铁拐李
4 韩湘子
5 曹国舅
6 张果老
7 蓝采和
8 何仙姑

❖ **组合** 无论是绘画还是雕刻，八仙总是一同出现

紫禁城

位于北京市内的紫禁城是明永乐皇帝于 1406—1420 年修建的。它雄伟壮观，是明朝最杰出的建筑成就。从明朝 (1368–1644 年) 至清朝 (1616–1911 年)，共有 24 位皇帝居住于此。紫禁城的名字来源于天上的紫微星垣。紫微星位于星垣正中间，暗合皇帝的地位。整个建筑群有大殿 75 座。位于正中的是太和殿、中和殿、保和殿。◆

太和殿 在这座大殿里，皇帝接受着臣子的最高礼节。它建在汉白玉基座上，数百年间曾是中国的最高建筑 (35.05米)。

紫禁城三大殿

对神的供奉

永乐皇帝于 1403 年登上皇位以后，决定将都城从南京迁至北京，于是下令兴建紫禁城。在此之前，皇帝并没有固定的居所，他们总是选择自己喜欢的宫殿作为寝宫。紫禁城占地 72 万平方米，动用了约 100 万民夫和 10 万匠人耗时 14 年方才建成。

防御之城

紫禁城不仅被一条宽大的护城河环绕，还由高 10 余米的城墙拱卫，四角设有角楼（如图）。此外，在太和殿前巨大的庭院中还部署了帝国禁军。

复杂的分布

紫禁城是严格按照风水的要求规划与兴建的，其中间设有一条中轴线，保证建筑群的对称与平衡。1987 年，它被宣布成为世界文化遗产。紫禁城占地 72 万平方米，整个建筑群不仅拥有 9 000 余个房间，还包括花园、庭院和河流。紫禁城的寝宫只允许皇帝及其子女、嫔妃和宦官出入。

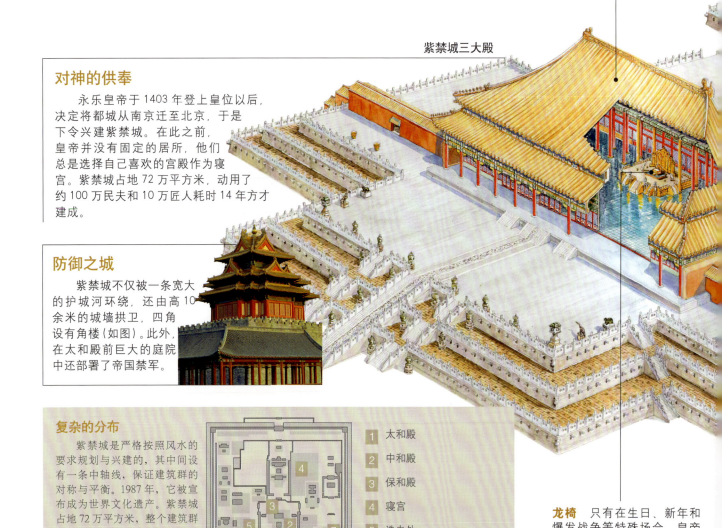

1 太和殿
2 中和殿
3 保和殿
4 寝宫
5 造办处
6 印书局
7 皇子宫殿
8 午门

龙椅 只有在生日、新年和爆发战争等特殊场合，皇帝才会用到龙椅。像其他建筑一样，大殿坐北朝南，因为面南为尊。

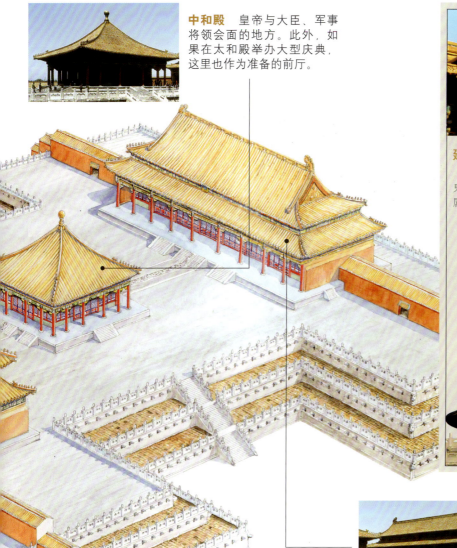

中和殿 皇帝与大臣、军事将领会面的地方。此外，如果在太和殿举办大型庆典，这里也作为准备的前厅。

建筑细节

　　如上图，房顶上的瓷制神兽是为了防止恶鬼入侵。瓦由黄色琉璃制成，黄色是皇帝的专属颜色。排水沟设计成龙形。下图，著名的天坛。

❖ 19世纪末，天坛因大火焚毁后重建。

保和殿 保和殿的名称取自《易经》，是接见外国使者和进行殿试的地方。故宫三大殿均修建在汉白玉基座上。

精雕细琢

　　大多数建筑为木制，天花板由巨大笔直的柱子支撑。与墙壁一样，屋檐上绘有精美的装饰图案，尽显木工手艺之高超。

雕像

　　这些动物造型的雕像均具有象征意义：青铜狮子是宫殿的守护者；龙表示权势与尊荣；鹤表示皇帝福寿绵长，帝国长治久安。

香炉

　　宫殿和庭院均设有漂亮的香炉。每当举办重大仪式，紫禁城都会香烟缭绕。

龙

龙是中国文化和传统中的代表形象，其起源可能追溯到远古的部落图腾。龙的形象可能是蛇、鳄鱼和某些鱼类的组合体。它是权力的象征，通常与男性和至高无上的权力，即皇帝联系在一起。

作为神物，它可以控制水的调度。它是日常生活中经常见到的形象，在节日庆典中尤为突出。◆

左图，一尊古老的龙形铜像。龙的传统造型很容易通过头、躯干、尾巴和皮肤识别出来。

龙王

权力的象征

龙的身体修长，就像长有四爪的蛇。自古以来，龙就是权力和阳刚的象征，因此，它也自然而然地成为了皇帝的象征。中国末代王朝清朝的国旗上，龙的形象就赫然在目。据传，中国的第一位皇帝——黄帝就是御龙升天的。

龙与水

传说中，龙总是与瀑布、河流和海洋有关。实际上，"四海龙王"对应的是四片水域：东海对应的是现在的渤海；南海对应的是现在的东海；西海对应的是现在的青海湖；北海对应的是位于西伯利亚的贝加尔湖。

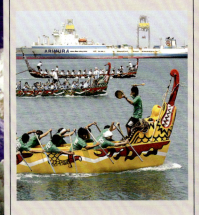

◆ 庆祝活动 在一些中国的传统庆典中会上演"赛龙舟"的好戏，就像新年时那样热闹。

凤

与龙对应的，代表雌性的凤的形象也经常出现在陶瓷器具上。凤的形象最早可以追溯至 8 000 年前的兴隆洼遗址。

❖ 左图，13世纪或14世纪陶罐上的凤凰图案。

发展到了汉代，龙的**形象**已经是几种动物的混合体了：蛇身、鱼鳞、鲸尾、鹿角、驼脸、鹰爪、牛耳、虎腿、虾眼。

神通广大　神话中，龙既可以变成桑蚕般小巧，也可以变得如天一般高大。可变水、变火，或消失不见。飞行对龙而言简直易如反掌。

九龙

在中国的神话当中，数字 9 总是与好运、权力和龙有关。据说，龙有不同的形态：天龙、神龙、伏藏龙、地龙、应龙、能发洪水的蛟龙、螭龙、虬龙、蟠龙。此外，龙还有九子。

❖ 左图，九龙壁。皇家宫殿和园林中会出现的装饰形象。

文化遗产

文化遗产

在诗与火药之间

纵观历史,华夏文明是如此博大精深,多姿多彩,这从广袤大地的不同形态和各民族的多样文化中即可见一斑。无数个世纪以来,中国文化以其丰富的表现形式广泛覆盖了思想、艺术和科学等多个领域。虽历经战火洗礼和殖民掠夺,尽管西方世界一贯自大且拒不承认,世界各地仍随处可见中华文明的烙印。

建筑

毫无疑问,提到中国建筑就一定要说一说长城。1987 年,联合国教科文组织将长城列入世界遗产名录。它的修建是为了保护帝国免受北方游牧民族的侵扰。暂不提它的分支和重建部分,长城全长约 6 300 千米,东起鸭绿江畔的辽宁虎山,西至戈壁荒漠,横跨10 多个省 。

长城的修建实际是由不同朝代共同完成的,时间跨越了上千年。长城的长度也变得十分惊人,战国时期（前475 – 前 221 年）,人们在一些战略要地修建了长城。后来,秦始皇把各诸侯国的长城联结了起来。随着秦朝（前 221– 前 206 年）的覆灭,人们迎来了一段相对平静的时期,长城也因此被遗弃了多年,但这导致帝国北部边界受到削弱。明朝（1368 –1644年）时期边境再度告急,长城达到了空前规模。

中国伟大的建筑遗产除了长城,还有那些为日常需求建造的建筑,其多用于行使权力或举办祭祀活动。

说到中国建筑,就不得不提两种基本的建筑材料:木料与砖。它们如此的不起眼,却造就了中国建筑的优雅与美观。中国建筑中的柱子同样十分简洁,既不高大也没有花哨的柱头。屋顶有巨大的挑檐,其末端高高扬起。

中国建筑广泛使用各种彩色装饰材料:花砖、瓷砖、镶嵌物、铃铛甚至玩具,无所不用其极。尽管如此,却比印度的装饰风格更加井然有序。一些代表性的建筑形式就是最好的证明。亭,形似宫殿却是开放式结构,多呈四边形,拥有巨大的屋顶和挑檐,由柱支撑,有时门廊环绕;塔,由圆柱体或多边柱体组合而成,每一层都有屋檐;牌楼,类似于凯旋门或纪念式的大门。

尽管有艺术史学家将中国伟大建筑归于商和周两代,但真正能经受时间考验的中国早期建筑也只能追溯到公元初的几百年。大部分建筑都因材料的脆弱性消失在了历史长河之中。

❖ **印与章**　印与章这种传统的表达方式完美地将篆刻和中国书法结合在一起,这是西方美学所不具备的。

❖ **长城**的修建是为了抵御来自游牧民族的侵扰。如今，这一伟大的建筑工程被公认为世界奇迹之一。

绘画

6 000多年前的新石器时代，陶瓷彩绘是中国最早的绘画作品，图案包括鱼、虫、鹿、鸟和花等图案。最早的象形文字是由图画和线条组成的，逐渐演变成今天的汉字。

❖ **罗盘** 中国的这项发明彻底改变了全世界，为之后的航海发展提供了极大便利。

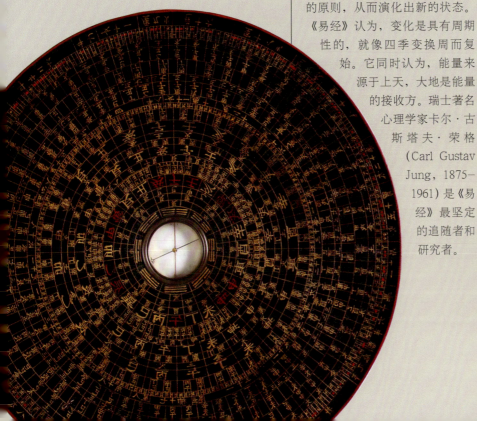

❖ **陶瓷**密实坚硬，半透明。中国的瓷器制造于7世纪蓬勃发展，比欧洲早了整整1 000年（如右图）。

易经

《易经》大约创作于西周时期，后经儒家多次补充。该书既描述了占卜者的现状，也预测了如何采取正确立场解决问题。它既是一本关于占卜的书，也是一本关于道德的书。就其结构和象征意义而言，也是一本哲学和宇宙之书。《易经》揭示了宇宙万物运动变化和对立统一的规律性，万事万物都会遵守对立统一的原则，从而演化出新的状态。《易经》认为，变化是具有周期性的，就像四季变换周而复始。它同时认为，能量来源于上天，大地是能量的接收方。瑞士著名心理学家卡尔·古斯塔夫·荣格（Carl Gustav Jung，1875–1961）是《易经》最坚定的追随者和研究者。

由于书写和绘画使用的是相同的工具，象形文字和绘画大多由线条组成，所以说，书画同源。这种独特的现象反映了中国绘画最大的特色：在画中题诗，在画中题字。中国绘画是诗、书、画的完美结合，由这种结合产生的创作手法一直是人们争论的焦点。实际上，画家与现实的关系总是通过富于诗意的画面来表现的，因此，绘画作品中的意境往往显得空灵与超脱。人们将汉字的发明归功于一位传奇人物——仓颉，他是黄帝的史官，受鸟兽足迹的启发创造了汉字。

唐宋时期的统治阶级热衷于绘画艺术。他们对绘画的追求早已超越了艺术的范畴，同时还包含了教育和政治诉求。实际上，绘画的题材也涉及人们日常生活的方方面面以及其他更为广泛的领域。因此，绘画常被用来装饰墙壁和屏风。许多汉代（前206–220年）和唐代（618–907年）的墓葬画至今保存完好。

晋代（265–420年）著名画家顾恺之擅长绘制历史题材画作，他的代表作《洛神赋图》描绘的就是大诗人曹植与洛神相遇时的场面。

唐朝和宋朝（960–1279年）是中

国绘画艺术的高峰。唐朝的吴道子，被誉为"画圣"，以人物画和山水画见长。北宋（960—1127 年）大画家张择端的名作《清明上河图》，则真实地再现了北宋都城汴梁的繁华街景。

　　唐朝画家李思训、李昭道父子以矿物颜料作画，因此他们的作品笔触异常鲜亮，作品充满活力。王维则推动了中国水墨画的发展，他创作出来的云、水、花、鸟都具有不同寻常的表现力。

医药

　　传统中医是亚洲最古老的治疗方法之一，其临床实践丰富，完美地将阴阳（对应男性和女性能量）、五行、人体经络（能量循环）理论结合为自身的自然哲学理论。中医重视观察与了解，调节人体机能的基本规律，重视人与环境、人与自然循环的相互作用。中医认为，健康取决于身体中的气（生命的能量）是否平衡。认为气可以调整精神、情感、心理和身体的平衡。认为气受阴阳的反作用力影响。与之相反，疾病则是因为气脉不畅，阴阳不调造成的。

十二生肖与占星术

❖ ❖ ❖

　　中国的占星术是通过中国历法，特别是借助十二生肖循环来预测未来的一种方法。十二生肖、五行思想、基于天文学的历法、中国传统宗教共同组成了占星术的基础要素。中国古代天文学家用五行为五个主要行星命名：金星对应金、木星对应木、水星对应水、火星对应火，土星对应土。此外，按照生日的不同，每个人都对应一个属相。鼠、牛、虎、兔、龙、蛇、马、羊、猴、鸡、狗、猪这十二属相按年更替。

❖ **兵马俑**　前246－前210 年，秦始皇将9 000 余个真人大小的兵马俑当作陪葬品。

◆ **独一无二的风格**　绘制于丝绢或纸张上的中国山水画，仿佛漂浮于半空之中，总是带有一丝神秘的气息。有人把这种风格归结于诗歌对绘画的影响。

除了冥想、针灸和按摩，中医的治疗手段还包括：中草药、节食疗法和体育锻炼。一系列的治疗方法均反映出一种基本理念：究其本质，人体具备完善的防御系统，可以定位疾病并引导能量和资源将其治愈。因此，传统中医总是致力于增强人体内部的自我修复功能，而不是从外部进行干预。

发明创造

中国的一大特点就是诞生了无数彻底改变世界的发明创造。从独轮车到马镫，从雨伞到纸币。英国哲学家弗朗西斯·培根（Francis Bacon，1561-1626 年）率先提出了"四大发明"一说，也就是对世界影响最大的四项发明：造纸术、印刷术、火药和指南针。这些都是中国人民智慧的结晶。

蔡伦于公元 105 年发明了"蔡侯纸"。作为太监总管，他负责皇家的物资供应。蔡伦是最早组织大规模用竹纤维造纸的人，竹子在中国的用途极广。为了满足官僚体系的运作，政府需要大量文书用于书面记录。这就

需要研发出一种重量轻、易于储存和运输的新型材料，以便取代当时书写使用的木牍或丝帛。10 世纪，中国已开始使用拓印、纸币和印刷术了。

中国最早的印刷品是印制于 868 年的《金刚经》，全书记录的是佛陀与门徒的对话，而这部《金刚经》则将梵文译成了中文。随后，中国人又发明了活字印刷术。他们把每个汉字雕刻在一个小小的金属活字上，取代一次性印刷的雕版印刷术。

9 世纪，中国炼丹术士在炼制长生不老药时，偶然发明了火药。它由硝石、硫黄、木炭按一定比例混合而成，最初被用于制造鞭炮与烟火，以驱赶妖魔。西方人则将火药应用于作战，大幅度增加了杀伤力和破坏力。

指南针对于航海至关重要，没有它，人们将无法认识这个世界。指南针在中国古代称为"司南"。关于它的最早记述，可追溯到战国时代。1040 年，北宋的一部书籍记载，将一枚磁针固定在竹块之上，放于盛水的容器中。漂浮的磁针就会指向北方。

月下独酌

　　李白（701-762），唐朝最伟大的诗人。他是一位千古不朽的诗人，与中国和世界文学巨匠并驾齐驱，其作品流传至今的约有一千余首。得益于美国诗人埃兹拉·庞德（Ezra Pound, 1885-1972）的翻译，李白的作品为西方世界所熟知。李白的诗充满了天马行空的想象，细腻感性的抒发和深邃自然的道家思想，李白不仅因其诗而闻名于世，他对酒的情有独钟更为世人津津乐道。与杜甫一样，李白一生都在奔波，但比杜甫幸运的是，他不用为生计而担忧。

　　据传，有一次，他试图水中捞月，结果溺死在扬子江心。有人说他追求长寿，长期服用道家丹药而死于汞中毒。还有人认为，他死于饮酒过量。

　　他的名句："花间一壶酒，独酌无相亲。举杯邀明月，对影成三人。月既不解饮，影徒随我身。"

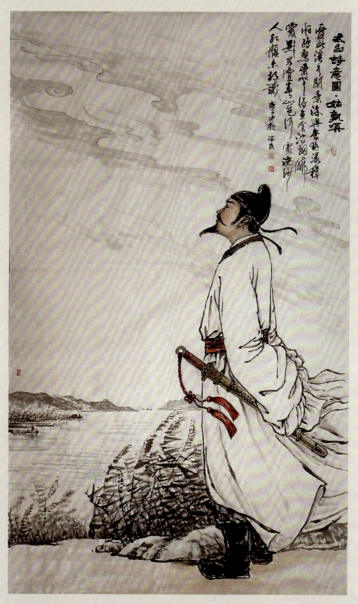

❖ **诗人李白（陈德民创作）**　李白是中国和世界历史上最伟大的诗人之一，他的作品充满了感性。

中医

　　早在中华文明诞生之初，中医就出现了。它基于能量平衡原理，主张达到情感、心理、精神和身体的和谐，阴阳的平衡。传统中医的各个分支，例如，针灸疗法、中草药疗法尤其重视中药的治愈性和预防性。◆

　　《黄帝内经》是中国最古老的**医学著作**，其历史可追溯到先秦时期。该书以黄帝与御医对话的形式，记录病症以及治疗的方法。书中提到，石榴与大黄（上图）有治疗关节疼痛的功效。

药剂师

　　中国古代传统中医对大自然了如指掌，而且医生都是亲自制定治疗方案。他们不仅从当地获取药物，还依托商人与商队获得偏远地区的药品，然后再用纯手工的方式把各种药物混合在一起。

◆ **制作流程**　这幅创作于19世纪的画作描绘的是药剂师的工作场景。

中国的自然主义

　　传统中医尤其重视草药（上图）。无论药用植物还是花卉，都可用来治愈和预防疾病。中医重视饮食和各种植物的药用价值，创立了包括药物疗法和芳香疗法在内的多种治疗方法。

　　铜杵臼是一种用于配制中药的独一无二的工具。谷物、植物的花与叶经过其研磨，参照大夫开出的药方按一定比例混合。

人体穴位图

针灸

　　中医疗法最著名的非针灸莫属。针灸通过在人体上行针达到缓解病痛，治疗伤病的目的。传统中医认为，生命的能量通过"经络"在人体中流转，联结人体中每一个重要器官。通过在经脉上的特定穴位插入细针，可以使器官的能量再度恢复平衡。

先驱者

　　约前 3000 年左右，神农"辨五谷，尝百草"，并用直线和交叉线的组合方式为上百种植物做标记。

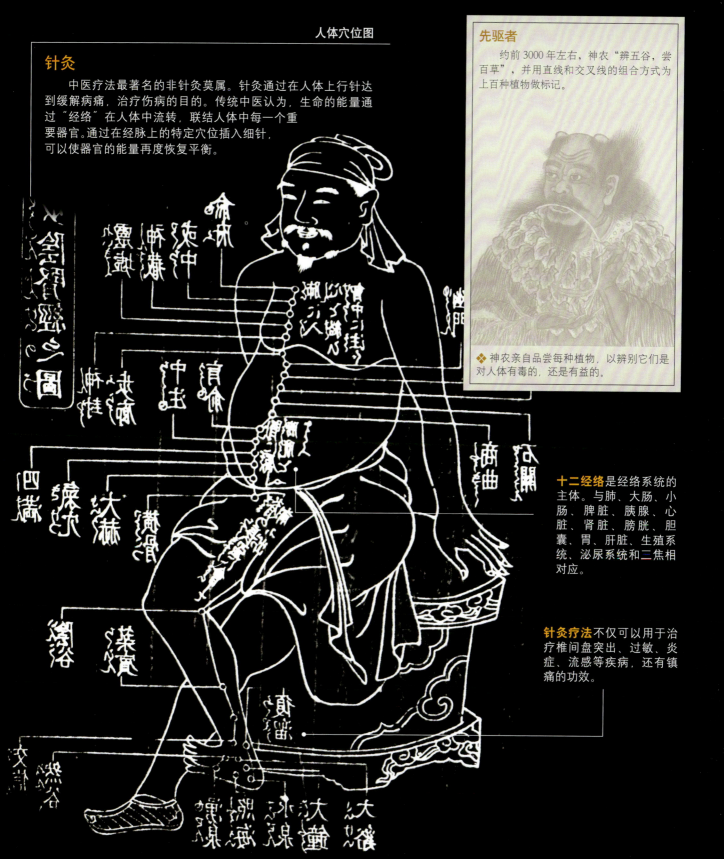

❖ 神农亲自品尝每种植物，以辨别它们是对人体有毒的，还是有益的。

十二经络是经络系统的主体。与肺、大肠、小肠、脾脏、胰腺、心脏、肾脏、膀胱、胆囊、胃、肝脏、生殖系统、泌尿系统和二焦相对应。

针灸疗法不仅可以用于治疗椎间盘突出、过敏、炎症、流感等疾病，还有镇痛的功效。

绘画艺术

中国画的历史悠久，与中国书法联系紧密，可谓书画同源。其主题多为对大自然的描绘，尤以山水花鸟为重。中国画所体现出的精神与现实主义对准确性的追求迥然不同，这也是传统作品遵守的一项基本原则。由于唐宋时期对绘画不遗余力地追捧，绘画艺术得到了极大的发展。◆

《山水图》，明代画家沈士充在作品中描绘了四季景象

自然与园林

绘画尤其注重刻画风景的本质。线性的笔触，丰富的色彩在留白的画面中相得益彰。在以自然为主题的作品中，花鸟画尤为突出，描绘梅、兰、竹、菊"四君子"的画作极为常见。总的来说，相比于描绘绘画对象本身，中国画看重的是其精神内涵和富含力度的笔触。从这个意义上说，中国画更为看重的是哲学和精神层面的东西。

意境 山峦、天空、云朵、园林、田野是唐代画作中常见的创作主题，它传递出一种宽松自由的感觉，也造就了哲学与教育的基础。

起源

中国古典绘画与书法的发展联系紧密，画中的线条与书法的笔体一脉相关。在唐代，宣纸是一项重要的贡品，纯由手工制作。书、画和印章是传统中国画不可或缺的组成部分。

◆ 在这幅19世纪的画中，描绘的是用宣纸拓印的场景。

人物

人物画是中国画的传统题材。唐时的吴道子受佛教和道教人物启发，曾在多座寺庙中进行创作。在随后的几个世纪中，这一传统得以延续。左图，成吉思汗像。

绘画介质 最初，画家会在纸张、墙壁和屏风上创作。后来，他们也采取了西方卷轴的方式，这样更便于随手把玩、悬挂展示和画作保存。左图，《赏月图》（直译），明代绢本（1400年）。

莫高窟

　莫高窟是中国最重要的佛教洞窟，由旅行者和佛教信徒出资建造。它的营建自4世纪一直持续到14世纪。整个建筑群保留有壁画45 000余平方米，雕塑2 400多尊。壁画反映了不同历史时期的特征。与北魏洞窟的朴素简洁风格不同，唐宋时期的洞窟人物众多，细节繁复。

❖ 甘肃敦煌莫高窟内一幅描绘"西方极乐净土"的壁画（绘制于7—10世纪）。

文房四宝 笔（下图）、墨、纸、砚是绘画和传统书法离不开的基本工具。

水是中国画常见的题材，经常与河流、湖泊中的怪石同时出现。这不仅反映了中国哲学世界观对绘画的深远影响，也表现了对自然和谐的憧憬与向往。

中国长城

作为人类历史和文化中最伟大的建筑之一，长城的起源可以追溯到西周时期，即前 11 世纪至前 771 年。春秋战国时期，长城修筑进入一个高潮期。这座巨大的防御工事绵延 6 300 余千米，旨在抵御北方游牧民族的侵袭。千余年来，历朝历代均不忘对其进行修葺与重建。经过明朝大力的加固与扩建，长城的辉煌达到了顶峰。◆

八达岭长城的风光

千年修筑，白骨累累

长城的修建跨越了数个世纪。秦始皇将数段长城联结在一起，汉朝让长城延伸到了戈壁深处；明长城则东入大海，西达西北边疆，横亘百余县。这座砖石打造的堡垒拱卫了永乐皇帝的都城北京与紫禁城。传说无数劳工与奴隶死于这项工程，并被埋在了长城脚下。

秦始皇是中国的第一位皇帝（上图），在位期间，他卜令修葺长城，把原本分散、割裂的长城联结在一起。在他的政令下，工程全面展开。

丝绸之路

长城具有维护商路正常与安全的作用。嘉峪关扼守着通往"丝绸之路"的大门，那里是长城的终点，但无数的望楼却延伸到了更远的地方。

◆ T·阿隆绘制的人们浣洗衣物的场景。

绘有骑兵形象的瓷盘

防御之道

长城无法完全阻挡游牧民族的袭击，但却可以延缓骑兵入侵的速度。北方部族的骑兵曾是中华帝国最大的威胁。

供人穿过城墙进出的**城门**很少，且由重兵把守。为了防止敌军侵袭，城墙上还设有军备缓冲区。

长城的**烽火台**每隔一段就会设置一座底楼。楼与楼之间通过烟雾传递信号，长期驻有卫兵和弓箭手。

明朝与北方游牧部落　自15世纪至16世纪，明朝常年受到北方游牧部落的侵扰。北方蒙古瓦剌部于1449年擒获了明英宗。鞑靼于1550年围攻明都城北京。右图，明代骑兵俑。

卫星视角

长城的宏伟甚至产生了一系列夸张的说法。多个刊物曾声称，长城是唯一在月球上肉眼可见的人类工程。但一张卫星图像却泄露了天机：如此遥远的距离根本无法识别出长城狭窄的墙体。

❖ 卫星图片中微弱的橙线就是长城。

发明创造

从前 4 世纪到 13 世纪，中华文明的灿烂文化与先进技术始终以惊人的速度发展。一系列杰出的发明创造就是最好的证明：苏颂设计的水运仪象台、瓷器、纺车、造纸术和活字印刷术等。这些发明最终传播到世界各地，成功地为其他发达文明所用，改变了世界的文明进程，极大地促进了社会的进步。◆

造纸术与印刷术

中国是造纸的先驱。1 世纪，人们将小麦的外皮和茎捣碎，加水泡成糊状，然后倒入扁平的模具中塑形，就成为最早的纸的雏形。

❖ **先行者** 11 世纪，毕昇发明了陶制泥活字。4 个世纪后，它成就了古腾堡革命。

蚕丝 蚕丝被用于制作高级织物，它直接推动了纺纱机、纺纱轮和带动线轴转动的传动带的出现。

地动仪

2 世纪，数学家张衡因捍卫地圆说并将经纬的概念引入制图学而声名鹊起，但这还不是全部，他发明了用于测知地震的地动仪。那是一个铜酒杯状的圆柱体，仪器外围分 8 个方位，每个方位上均有一条口含铜珠的龙，在每条龙的下方都有一只张开嘴的蟾蜍与其对应。

❖ **运作模式** 地震会使对应方向的铜珠落到蟾蜍口中，从而指明地震发生的方位。

唐三彩

瓷器

在诸多发明创造中，瓷器一枝独秀。它由白陶土、瓷土和高岭土混合，并在超过 1200 摄氏度的高温下烧制而成。瓷器因其高超的艺术成就成为中国重要的出口产品。从 7 世纪开始，制瓷技术蓬勃发展，到了 12 世纪已有了显著提升。

主轮 直径 3 米，有叶片 36 个。用于报时和浑仪运转的动力就来自于这些齿轮的转动。

浑仪 建造于978年。在17世纪望远镜发明之前，它一直是观测天体位置变化的主要工具。

苏颂的天文钟及其内部机械结构

精确的天文钟

水运仪象台由苏颂于1092年建造而成，并在其著作《新仪象法要》中做了详细介绍。该仪器由水力驱动，不仅每日误差不超过100秒，还可以用于观测星座。支撑它的塔高6米；水运仪象台整体为木制，主要部件为铜质。

水箱 天文钟里的水由人力运至最高层水箱，水流至第二个水箱时始终保持恒定水位，然后水再流到主轮叶片上。

报时 天文钟自动运转时，正面大门里会有托盘转动。托盘上有许多代表时间的报时人偶，报时的时候会鸣锣。

退水壶 苏颂借助第二水箱和退水壶中的水平系统，使水流以恒定的速度流出。

兵马俑

中国第一位皇帝——秦始皇于前 210 年去世。生前他曾下令建造一座巨大的陵墓，并且派一支军队陪他共赴黄泉，这就是兵马俑的由来，这支地下军队是由数千个高度逼真的陶俑组成的。1974 年，在西安骊山的一次偶然挖掘揭开了这座巨大陵墓的面纱。◆

兵马俑的写实与逼真的细节让人过目难忘。实际上，没有任何两个兵马俑是一模一样的。这些人俑身高在1.78米至1.96米之间，身着戎装。

陵墓占地2.5平方千米，连同秦始皇一起下葬的还有他的妃嫔、奴隶和无数动物。三个兵马俑坑距秦始皇陵1.5千米。

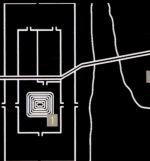

1 秦始皇陵冢

2 一号坑

3 二号坑

4 三号坑

陵冢就是皇陵的所在。陵冢上郁郁葱葱，被内外两重城垣围绕。墓冢和墓室至今保存完好，没有被盗掘。

修建　兵马俑的修建需要木工、金饰加工和制陶方面的工匠，有70万余民夫和奴隶参与了建设。

兵马俑中的**武士俑**共有 7 768 尊。其中一号坑中的人俑最多，达到了 6 400 尊。

御手俑，兵马俑中驾车的人俑

最初的保护措施

兵马俑坑上曾设木制顶棚，顶棚再铺上蘸了黏土的席子用于加固。顶棚由木制的橼子支撑，而这些橼子则被横置在俑坑两壁间的横梁之上。正是这种高效的建筑结构保护了兵马俑长达 23 个世纪之久。

严格的保护

1987 年，秦始皇兵马俑被宣布为世界文化遗产，对它的保护一直是中国政府关心的大事。因为有多达 40 种真菌在不断地威胁着人俑、战马俑的完整性。所幸，经过化学处理和人们悉心的照料，90％ 的兵马俑得到了挽救。

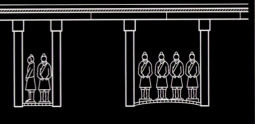

◆ 兵马俑所在的地下俑坑曾建有顶棚

组装　先用空心磨具将黄泥塑形，待干燥后在上面雕刻各种细节，再用1 000摄氏度的高温烧制。兵马俑就是用这些烧制出来的陶制部件拼装而成的。

最后的完工　陶俑经过烧制以后，用滑轮吊放至过道中，以便按士兵不同等级为其服饰上色。

兵马俑俑坑一隅

结构

　　兵马俑一号坑占地14 260平方米，二号坑占地6 000平方米，三号坑占地520平方米。由于大量使用金银器制作马具，因而配备了可以自动发射的弩机用以震慑盗墓贼。

车辆与马匹

　　这些战车和战马与实物大小完全相同。通过残留的着色，可以想见当初的色彩是何等绚丽。一号坑战马32匹，战车8辆；二号坑有战车89辆，还出土了数匹青铜马；三号坑有战马4匹，战车1辆。

❖ **修复**　兵马俑的修复工作异常繁重。下图的铜车马由3 500余残片构成，重约1 200千克

排列　兵马俑伫立在11条过道之中。这些平行的过道长约200米，宽约2.5米。

博物馆

在中国和其他许多国家的机构和博物馆中，静静地保存着中国最早的村落遗址、历代艺术、建筑、技术文物遗存。其中包括青铜器、瓷器、书法、绘画和古籍，还有与佛教和道教相关的其他物品。◆

台北故宫博物院展出的汉代玉神兽。

中国香港艺术馆

这里是保存与传播中国传统艺术的重要中心。它之所以具有很高的历史价值，是因为拥有 11 000 余件艺术珍品。包括大量绘画、书法、瓷器、小雕像和模型。上图，艺术馆外立面。

陕西历史博物馆

陕西是中华文明的发源地，坐拥 6000 多年的考古积淀，而西安身为十三朝古都，城中的陕西历史博物馆中保存着数量惊人的文物，那是早期人口集中的见证。其馆藏青铜器尤为突出。

❖ 上图，周代车马展品

汉唐时期的瓶与罐

皇家安大略博物馆

这是加拿大最大的博物馆，位于多伦多市中心。它专设了古代艺术、佛教艺术、建筑艺术和雕塑造像 4 个展厅，用于展示中国古典艺术。

博物院正门

中国台北故宫博物院

　　位于台北市。收藏有大量北宋（960–1127 年）之后的珍贵文物，其藏品仅次于中国大陆。台北故宫博物院于 1965 年开馆，馆内藏品繁多，尤以珍稀古籍、瓷器和青铜造像备受瞩目。

藏品　在馆藏的诸多文物中，这尊明代佛造像非常引人注目。馆内藏品超过60万件。

故宫博物院

　　位于北京市中心的故宫博物院曾是帝王们的皇宫，15–20 世纪初，它是明清两朝的皇权所在地。馆内藏有珍贵的青铜器与造像，极具艺术价值。

瓷器　位于加拿大的皇家安大略博物馆藏有许多精美稀有的明清藏品，如上图中的瓷器。

纪年表

纵观中国千年历史，大大小小的王朝建立了无数的区域政权，但只有极少的王朝能够统一天下。实际上，大多数地方政权的权力更迭非常频繁，与制定全国政策相比，他们更关心与邻国争霸。只有为数不多的朝代维持了长期的统治，如周、汉、唐、明和最后一个封建王朝——清。◆

约前21—约前17世纪

夏
尽管有学者认为，没有夏朝存在过的确切证据，但它仍被公认是中国的第一个朝代，其势力分布于黄河流域。

约前14—约前11世纪

商
商代崇尚占卜，其国都位于今天的河南安阳附近。

约前11世纪—前771

西周
定都镐京。

前770—前256

东周
定都今天的洛阳。东周又分为春秋和战国两个时期。

前770—前476

春秋时期
该时期艺术与哲学成就非凡。

前475—前221

战国时期
诚如其名。各诸侯国之间战火连天，纷争不断。

前221—前206

秦
秦朝确立皇帝拥有一国之内最高的权力。

前206—25

西汉
定都长安。西汉时期，经济和文化发展日趋繁荣。

25—220

东汉
定都今洛阳附近。东汉时期经济衰退，多次爆发反对政府的暴动。

220—265

魏
三国时期的政权之一。魏王曹丕结束了汉朝的末代统治。

221—263

蜀
三国时期的政权之一。

222—280

吴
三国时期的政权之一。吴国不承认汉朝延续的合法性。

265—317

西晋
重新统一了中国，但时常受到来自北方游牧民族的威胁。

317—420

东晋
定都建康，今南京附近。

南朝
此时的中国分裂为两大部分。中国南部延续了四个朝代，史称南朝。

420—479

宋

479—502

齐

502—557

梁

557—589

陈

北朝
中国北部延续了五个朝代，史称北朝。

386—534

北魏

534—550

东魏

550—577

北齐

535—556

西魏

557—581

北周

581—618

隋
再次统一了中国，并推行体制改革。佛教在这一时期得到了很大发展。

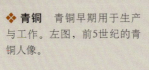

❖ **青铜** 青铜早期用于生产与工作。左图，前5世纪的青铜人像。

中国最后的王朝

龙兴满洲

清朝统治者把满族的发型、衣着、语言强加给中原人民。清朝在统治的后期，经历了与邻国的多次冲突，特别是中日战争和中英鸦片战争，这两场战争对中国社会和经济发展产生了深远的影响。左图中，福山镇古建的屋顶还保留了清代建筑的特色。

618—907

唐
帝国版图得到极大扩张。与此同时，文化和佛教空前繁荣。

五代
政治时局动荡。北方中国先后经历了5个主要朝代。

907—923
后梁

923—936
后唐

936—947
后晋

947—950
后汉

951—960
后周

960—1127
北宋
后周大将赵匡胤结束了五代的纷争，建立了宋朝。

1127—1279
南宋
国都位于今杭州，其统一河山的愿望未能实现。

907—1125

辽
由辽人建国于中国的西北，与宋朝并存。

1038—1227
西夏

1115—1234
金
由女真族建国，征服了中国北方的大部分地区。

1206—1368
元

蒙古族于公元1234年灭金，后建立了元朝。

1368—1644

明
由农民起义领袖朱元璋建立，定都于今天的南京，后迁都北京。

1616—1911

清
由满族人建立，是中国最后一个封建王朝。

1912—1949

中华民国
辛亥革命推翻了末代皇帝溥仪的统治，建立了新政权。

❖ **雕塑** 汉代时期文化繁荣，其瓷器达到了极高的艺术水平。下图，战士俑。

❖ 商朝的青铜**面具**。

术语表

《本生经》

《本生经》是一部佛教寓言故事集，这些故事都与佛陀的前世和经历有关。

八角茴香

中国特色香料之一，其名称源于味道与茴香相似。它是中华烹饪常用的调料，也是传统调料五香粉的配料之一。

璧

玉质环状物。尚不明确璧在古代中国的用途，但是普遍认为与祭祀有关。

弁服

天子礼服，由两块衣料缝制而成。

长城

秦汉等朝为抵御匈奴的侵扰而修建的古代防御工事。据传，超过30万人用了十余年才完成长城的修建。如今的长城仅存不足3 000千米，但在鼎盛之时，它一度起过7 000千米。长城的建造尺寸随路线的变化而变化，墙的平均高度为7米至8米，厚度为5米至7米。长城始建于战国时期。秦统一中国后，对长城进行了加固。汉朝时，长城又经历了多次改造。

长袍

中国传统服装。无论男式还是女式长袍，均由一块布料缝制而成。

春秋时期

开始于前770年，结束于前477年。它的名字来源于一部编年体史书，孔子对其加以整理修订，书中的章节以春秋两季作为区分。这一时期群雄并起，但周朝统治者名义上仍旧贵为天子。

瓷器

早在殷商时期，中国人就制造出了精美的陶器，因为人们发明出了可以高温烧制高岭土的烧窑。经过烧制的陶器致密、无气孔。唐朝时人们学会了在烧制瓷器时控制含铁量，使瓷器的颜色更加稳定。唐时的制瓷技术得到了显著的发展，诞生了白瓷。制瓷业在明朝达到了顶峰，优质的瓷器远销到了日本和欧洲。中国的制瓷工匠使用了一种名为"瓷土"的长石，使瓷器具有半透明的玻璃釉效果。

琮

棱形玉柱，底部为四边形，中间有圆柱形直孔穿过。其功能与宗教仪式有关。

道教

起源于中国本土的宗教，主张人与自然的和谐共处。

风水

风水是与自然和谐相处的一门古老玄术。它重视能量的重新分配，以便维持与各种自然力量的平衡。

佛教

中华文明中最重要的宗教和哲学源泉之一，第一次繁荣发展出现在汉朝。佛教源于印度，传入中国以后，在整个亚洲大陆落地生根。佛教由释迦牟尼在前4—前5世纪于尼泊尔创立，被其教徒尊为佛陀。佛教信仰纯正的思想和行动，通过行善避恶积累业力。佛教最重要的人物是其创始人——释迦牟尼。出家前他曾是一位王子，也是王位的继承人，为解除人类的苦难毅然出家，因其非凡的成就被尊为佛陀。除了释迦牟尼，救苦救难的观世音菩萨也备受佛教徒的尊崇，道教也奉之为长生不老的形象。同时，观世音菩萨与素食主义和生育也有着千丝万缕的联系。

覆斗方上

由夯土砌成的阶梯状墓墙，这是古代陵墓封土的一种形式。

棺

盛殓死人尸体的木制器具。

椁

放置棺材的木制器具。

夯土

自新石器时代以来，夯土就一直被用作修建宫殿和房屋结构的地基。

葫芦丝

一种重要的中国吹管乐器。

皇帝

前221年秦朝建立以后，中国的帝王被尊称为皇帝。此前，国家的最高领导人被称为"王"。中国历史上的第一位皇帝是秦始皇。

皇后

皇帝的正室妻子才能被称为皇后。

黄帝和炎帝

黄帝和炎帝是中国上古神话中的君主名称，也是中华文明的缔造者。

火药

火药的出现纯属偶然。9世纪，一位中国的炼丹术士在炼制长生不老药的时候，意外地发现了制作火药的配方。在有关火药的早期古籍中已经指出了这种混合物的危险性。火药由硝石、硫黄与木炭混合而成，最早被用于制造烟花与信号弹。后来被用于制造武器，例如用掷弹器发射的手雷。宋朝时期，火药被用于步枪和火箭的发射。宋军还用火药填充竹筒，把它当作原始

的火焰喷射器。1126年，李纲在汴京（今开封市）抗金就是借助了火炮的威力，曾造成了金人大量的人员伤亡。中国的火药含有汞和砷等有毒物质，可以说，它是世界上最早的化学武器。

甲骨

在动物骨头和龟壳上发现了用于占卜的中国最古老的文字。商代的占卜仪式步骤如下：在牛和其他家畜的骨头上钻孔并加热，从而使骨头或龟壳产生裂纹。然后，商王会对这些裂缝加以解释，作为对未来的预告。最后，占卜结果将会被刻在甲骨之上。

甲骨文

古代中国占卜时使用的文字，商代巫师常借助它向上天和王室先人祈祷问询。

角形杯

用玉雕成的饮用器皿，通常呈扭曲的兽角形。在杯的末端往往雕刻成兽首的形状。

金线

它是尊贵与力量的象征。只有皇帝的服饰才能使用金线，王子的服饰使用银线，而下级官员则只能使用铜线。

雷纹

商周时期漆器和陶瓷装饰中的特色图案，它的特点是呈螺旋形几何形状。

琴

四弦弹拨乐器，属于高音乐器。因其特殊的形状而被称为柳叶琵琶，类似于琵琶，但体型稍大。

六博棋

中国最传统和最古老的游戏之一。普遍认为，至少两三千年前就被人们所喜爱。它是国际象棋的始祖，被称为"不朽的游戏"，在汉朝达到顶峰。虽然不清楚确切的游戏规则，但应与占卜有关。

龙

神话动物形象。长长的身体，像是带爪

的蛇。它也是"阳（雄性）"的拟人化形象，与水和雨紧密相关。与之相对，代表雌性的动物形象是凤凰。

明器

具有强烈象征意义的器物，一般由木、陶和金属制成。它被放置在坟墓内部，用于满足墓主人在阴间的愿望和需求。

涅槃

中国传统文化视涅槃为智慧与美德的融合。它被认为是一种至高无上的绝对状态，只有经过一系列转世才能实现。涅槃的水平可以反映出人类善良与和谐的潜力。它表现了一种永恒的幸福状态。

琵琶

四弦弹拨乐器，与柳琴相似。

平脱

这种中国古代著名器物装饰技巧的做法是：在油漆的木制支架上施以很薄的金银片，再刷上一层

古铜色的清漆。

辟邪

中国传统神兽之一，其形象结合了多种动物的特征。如狮子般的身躯，肋生双翅。其雕像经常被放置于墓葬之中，因为古代人相信它拥有非凡的力量，可以镇住邪灵。

青瓷

将陶胎覆盖绿色半透明釉料，经高温烧制而成。

儒教

从前1世纪开始，儒教是影响中国人最重要的因素之一。上至朝廷下至教育，再到个人行为举止，以及个人对社会的责任，无所不及。孔子出生在东周时期一个没落的贵族家庭，孔子的道德体系建立在同情与理解之上，其理论始终围绕着礼、义、仁这三个基本概念。儒家认为，有条不紊的生活源自重视礼仪、责任、道德和公共服务的纪律严明的社会。以日常

生活为例，在他看来，对家族的高度忠诚、对祖先的崇敬、对长者的尊重和家庭团结是良好治理的基础。他的著名言论"学而时习之，不亦说乎"，被后人奉为典范。后来，他的思想被弟子传遍中国大地，人们学到了他的智慧结晶。

十二生肖

另据传说，中国十二生肖的顺序源自玉皇大帝为动物们组织的一次比赛，跑得最快的动物才能出现在玉帝的日历上。结果因为老鼠爬在牛的背上而赢得了第一名，而猪因为懒惰排在了末位。中国的星座还与金、木、水、火、土五种元素有关。因此，中国人的运势既与生肖有关，也与五行有关。中国人对运势如此重视，以至于他们甚至会根据生肖的相生相克来安排姻缘。十二生肖的转换是按照中国农历新年而变的，而非阳历的1月1日。

手印

指的是佛陀及其追随者的手势。手掌张开向前表示保护，手掌朝下表示慈善。

丝绸之路

丝绸之路是联结亚欧大陆的贸易网络，它的名字得益于这条商路上最负盛名的商品——丝绸，丝绸曾远销世界各地。除了丝绸，商队还会携带宝石和金银、羊毛或亚麻织物、象牙、漆器、香料等名贵商品。因此，这里也是游牧部落的盗猎场。为此，这条商路全程配有一套防御机制，长城就是这个系统的一部分。

唐三彩

施釉彩陶的一种，陶器的颜色施于铅釉之上，盛行于唐代。

象形文字

象形文字是汉字的基础，由笔画或图形组成，其笔画按照语义的不同归为不同的字根。最初，象形文字形象地描绘了某个物体。随着文字的发展，

它们具备了更多新的特征，把抽象的思想综合了进来。

易经

一本关于变化的书，大约创作于西周时期，最终成书于道家和儒家的信徒。它一方面描述现状，另一方面也告诉人们如何顺应正确的立场解决问题。它不仅是关于占卜和道德的书，从其结构和符号学的角度考虑，它也是一本关于哲学和世界观的书。它让我们理解人性，做出必要的改变，让一切变得更加美好与和谐。

印刷术

已知最早的印刷作品是一段印制于868年的佛经，那时使用的是雕版印刷术，即每印一页需要刻一块新的印刷板。宋代发明了活字印刷术，首先，将活字刻在木块上，然后根据印刷的需要排版，可以重复使用。活字也可以用陶土烧制，不过缺点是容易折断。随着明代木制活字印刷技术的提升，书籍的印刷出现了双色套

印。印刷术的发明极大地推动了文化的发展，也为统治阶级的精英统治铺平了道路。

玉

属于硅酸盐矿物，因为含有铬，颜色呈绿色。5 000年前左右在中国被加工成日用品和装饰品。玉被人们认为是"山的精华"，因而被赋予了神奇的属性，很快成了政治和宗教力量的象征。因其硬度也被用来制造武器与工具。玉其实指的是两种矿物：软玉和硬玉，二者外形相似但成分不同。只有硬玉才能被称为翡翠，颜色呈现从白色到绿色的变化。

造纸术

蔡伦发明了"蔡侯纸"，并于105年上奏汉和帝。纸的名称来源于埃及造莎草纸所用的纸莎草。在过去，中国人只能在竹简或者木牍上以毛笔蘸黑色的墨水书写，这种书写方式的起源尚不明确。10世纪，中国已经开始使用拓印技术了，纸张也被用于制作货币和印刷。随后活字印刷登上了历史舞台，中国人发明了使用金属活字的新的印刷方式，逐渐取代了雕版印刷。

战国时期

开始于前476年，结束于前221年。这一时期诸侯国纷争不断。前256年最后一任周朝统治者去世以后，愈演愈烈，直到秦国统一六国才结束了群雄割据的局面。

针灸

中国传统治疗方法，用针插入特定的位置或经络。根据疾病的不同，行针的位置也有所变化。

指南针

指南针的前身为司南，发明大约在战国时代，北宋年间发明了指南针，用磁石制造。因其含有氧化铁，受地球磁场的影响，使得它始终指向南北方向。在众多古老的记载中都有关于指南针的描述，但只有在15世纪才有它被用于航海旅行的正式记载。明朝航海家郑和于1405年至1433年间的7次航海过程中，使用的就是指南针。

中草药疗法

使用植物或草药治疗各种疾病或减轻病痛的方法。

中国历法

综合了阴历与阳历，每年由一种动物作为代表，十二年一个循环。传说历法由黄帝首创，但实际证据表明，历法出现于更晚的夏商。根据当时的历法，每年有12至14个月不等。直到西汉的汉武帝修历后，才对新年、元宵节、中秋节等进行了明确定义。